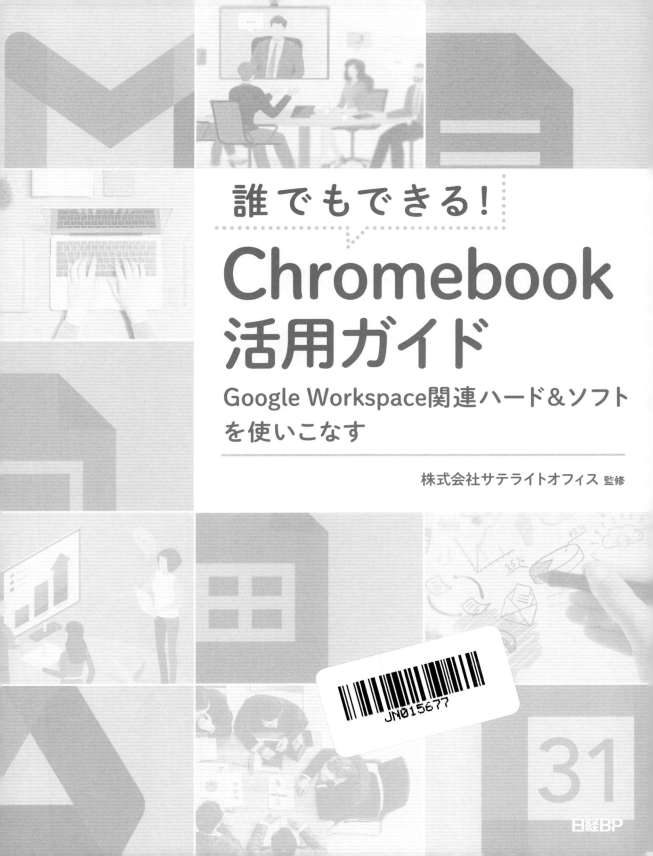

誰でもできる！

Chromebook
活用ガイド

Google Workspace関連ハード＆ソフト
を使いこなす

株式会社サテライトオフィス **監修**

日経BP

監修者より

　ビジネス用メール（Gmail）、文書作成（Google ドキュメント）、クラウドストレージ（Google ドライブ）、共有カレンダー（Google カレンダー）、ビデオ会議（Google Meet）など、さまざまな機能をまとめて利用できる企業向け統合アプリケーション「Google Workspace」。ユーザー数は世界中で600万社・団体を超え、企業はもちろん、教育機関などでの導入も増え続けています。

　本書でご紹介するビジネスユーザー向けのGoogle製ハードウェアは、このGoogle Workspaceの利用を前提としています。Google Workspaceと連携させることでより大きな効果を発揮する製品群なのです。PC端末やデジタルホワイトボード製品/関連アプリ、テレビ会議システムなどのGoogle製ハードウェアを利用することで、外出先や自宅でも安全かつスムーズに業務を進めることができるほか、遠隔地との接続により、快適で活発なコミュニケーション環境を実現することが可能となります。

　本書では、教育市場でシェアを拡大しているPC端末「Chromebook」に加え、テレビ会議システム「Google Meet ハードウェア」の概要から、初期設定、機能や操作方法を解説しているほか、Chromebookをはじめ、Chrome OS が動作しているデバイス機器群の管理機能について紹介していることも特徴です。企業や学校などで大量のChromeデバイスを導入する場合、Google Workspaceの管理者は、管理コンソールを使ってChrome デバイスの機能やセキュリティを管理することが不可欠なのです。

また、教育機関においてGoogle製ハードウェアの利用が急激に増えていることから、導入事例として、日本体育大学荏原高等学校（東京都大田区）、湘南白百合学園中学・高等学校（神奈川県藤沢市）、鎌倉女学院中学校・高等学校（神奈川県鎌倉市）、新田高等学校（愛媛県松山市）、横浜英和学院 青山学院横浜英和中学高等学校（神奈川県横浜市）をご紹介しています。ChromebookとChromecast、大型モニターなどを使って、アクティブラーニングを実施しています。実際の利用シーンを感じ取っていただければと思います。

　今後、Google製ハードウェアの導入を検討されている方、すでに導入されていても「まだまだ活用しきれていない」とお感じの方に、本書が活用されることを願っています。

株式会社サテライトオフィス

目次

Chapter

1

Chromebookの基本的なハードウェア操作

　Chromebookは Googleが開発した「Chrome OS」と呼ばれるOSを搭載したパソコンのことです。この章では、Chromebookとは何かという最も基本的なトピックから、初期設定、キーボードやタッチパッドの使い方などを紹介します。

1-1 Chromebookとは何か？

1-1-1 Chromebookとは？

　現在、一般ユーザーが入手できるパソコンは、ほぼWindowsとMacの2種類です。家電量販店で販売されているパソコンも、ほぼこの2種類でしょう。しかし、世界的に見ると、特定の分野では、この2つとは異なるパソコンがシェアを拡大しています。それが、Chromebook（クロームブック）です。

　Chromebookは、Googleが開発したChrome OSというOS（オペレーティングシステム）を搭載したパソコンです。ハードウェアはGoogleも含めて、ASUS、DELL、HPなどのメーカーが製造しています。ノート型をChromebook、ボックス型（Windowsのデスクトップに相当）をChromeboxと呼びますが、いずれもChrome OSが動作しているパソコンという点では変わりありません。

　Chromebookがシェアを拡大しているのは教育市場です。海外はもちろんですが、日本の学校でもChromebookが急速に普及しています。理由は文部科学省が推進するGIGAスクール構想により、公立小中学校に1人1台の端末が配備されていることです。

　学校用の端末としてはiPadやWindowsもありますが、株式会社MM総研の2020年11月〜2021年1月にかけて実施された調査によれば、教育市場におけるシェアは、1位がChromebook（43.8%）で、2位のiPadOS（28.2%）や3位のWindows（28.1%）を大き

　Chromebookの例。画面は日本HPのHP Chromebook x2 11

く上回っています。

　また、Chromebookは企業においても注目を集めています。特にGoogle WorkspaceをはじめとするGoogleのサービスを活用している企業では、WindowsやMacなどに代わってChromebookを導入するケースも増えています。

1-1-2　Chromebookの人気の秘密

　Chromebookが注目されるには、それだけの理由があります。ここでは、Chromebookを活用するメリットについて説明します。

・メリット1：Googleのサービスと相性が抜群

　ChromebookのOSであるChrome OSは、GoogleのWebブラウザであるGoogle Chromeをベースに開発されました。このため、Chromeを利用しているなら、GmailやGoogleカレンダーなどのGoogleのサービスと非常に相性がよいという特徴があります。日頃からGoogleのサービスを利用しているなら、WindowsやMacからChromebookに乗り換えても、まったく違和感はなく、むしろ快適に利用することができます。

・メリット2：起動が高速

　Chromebookは起動が非常に高速です。WindowsやMacよりもコンピュータ内のプログラムが非常に小さいので、電源を入れて数秒で起動します。

・メリット3：クラウドのためのOS

　Chromebookは、Googleのサービスをはじめとするクラウドサービスを活用するのに最適化されています。インターネットに接続できる環境さえあれば、クラウドを最も効果的・効率的に利用できます。

・メリット4：安い

　Chromebookはコンピュータ内のプログラムが小さいので、WindowsやMacのような強力なCPUパワーやメモリ、大容量のストレージを必要としません。このため、非常に低価格であるという特徴があります。数万円から実用的に利用できる製品を購入できます。

・メリット5：バッテリー駆動時間が長い

　Chromebookはコンピュータ内のプログラムが小さいため、WindowsやMacのように大量の電力を消費しません。このため、WindowsやMacに比べると、バッテリーによる

駆動時間は長くなります。

・ メリット6：タッチ操作や日本語にも対応

　製品は低価格ですが、機能的にはWindowsやMacにも劣りません。製品によってはマルチタッチにも対応し、日本語も問題なく利用できます。

・ メリット7：Android用アプリが使える

　最新のChrome OSでは、Android用のアプリがそのまま利用できます。Androidのスマートフォンやタブレットと同様に、Google Playでアプリをインストールできます（企業や学校で利用する場合はGoogle Playを利用できないことがあります）。

・ メリット8：Linuxが使える

　最新のChrome OSでは、Linuxを起動することもできます。一般のユーザーにはあまり関係はありませんが、開発者にとっては魅力的だと思います。

・ メリット9：安全である

　Chromebookでは、データはクラウドのGoogleドライブに保存されます。したがって、端末の紛失・故障などでデータが失われる心配がありません。また、コンピュータ内には必要最小限のデータ、プログラムしかありません。このため、WindowsやMacと比較すると安全です。特に企業にとっては、セキュリティ対策のコストを大幅に低減できるメリットがあります。

・ メリット10：集中管理できる

　Google Workspaceを利用している場合は、Chromebookを管理者が一括管理できます。各Chromebookで利用できるアプリを制限できるなど、一貫したセキュリティポリシーを適用できるので、高いセキュリティとガバナンスを実現できます。

1-1-3　Chromebookのデメリット・弱点

　Chromebookには数多くのメリットがありますが、多くの企業で利用されているWindowsやMacと比べると、いくつかのデメリットもあります。Chromebookを検討する際は、そのデメリットも十分確認し、対策を立てて導入することが大切です。

・ デメリット1：Microsoft Officeのフル機能が使えない

　多くの企業では、ビジネスツールとしてマイクロソフトのOfficeが利用されています。

利用されているのはWindows版またはMac版のOfficeですが、残念ながらChrome OS 用のOfficeは提供されていません。ただし、Webブラウザで利用できるWeb版のOffice であれば、Chromebookでも利用できます。機能はWindows版、Mac版より少なくなり ますが、基本的な作業は可能です。また、本書で紹介するマイクロソフトの仮想デスク トップサービス「Windows 365」を利用する方法もあります。

なお、Google WorkspaceのGoogleドキュメントやGoogleスプレッドシートを利用す れば、WordやExcelなどのファイルを読み込んで表示・編集することは可能です。

・デメリット2：WindowsやMac用のアプリケーションが使えない

Office以外でも、WindowsやMacで利用しているアプリケーションは利用できません。 たとえば、Windows用の業務用アプリケーションが不可欠であれば、残念ながら Chromebookは不向きです。ただし、Webブラウザで利用できるWebアプリケーション を利用しているなら、Chromebookでも問題ありません。WindowsやMacのChromeで 動作するWebアプリケーションであれば、Chromebookでも問題なく動作します。なお、 日本語変換プログラムには、WindowsやMacでもおなじみのGoogle日本語入力が用意 されています。

・デメリット3：インターネットが不可欠

ChromebookはGoogleのサービスを前提としたパソコンです。このため、インター ネット接続が不可欠です。ただし、パソコン内にデータを保存することもできますので、 オフラインに対応したサービスであれば、インターネットのない環境でも最小限の作業 は可能です。

・デメリット4：キーボードが異なる

キーボードの配置は、WindowsやMacとは少し異なります。ただし、異なるのはファ ンクションキーに割り付けられている機能くらいで、基本的には一般的なQWERTY配列 なので、すぐに慣れることができると思います。

1-2 Chromebookの初期設定

Chromebookを始めて起動したときは、Wi-Fiの設定やGoogle Workspaceのアカウント登録などの手続きが必要になります。ここでは、企業用のGoogle Workspaceアカウントの登録作業を説明します。なお、この方法で登録すると、Chromebookは管理者の管理下に置かれることになります。

❶ Chromebookを起動する。この画面が表示されたら[始める]をクリックする。

❷ 利用するWi-Fiネットワークを選択する。

❸ Wi-Fiのパスワードを入力する。

❹ [接続]をクリックする。

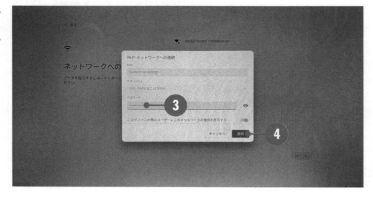

5

Chrome OSの利用規約が表示
されるので、[同意して続行]を
クリックする。

6

[企業の登録]をクリックする。

7

Google Workspaceアカウン
トのメールアドレスを入力す
る。

8

[次へ]をクリックする。

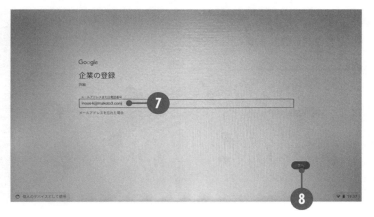

9
Google Workspaceアカウン
トのパスワードを入力する。

10
[次へ]をクリックする。

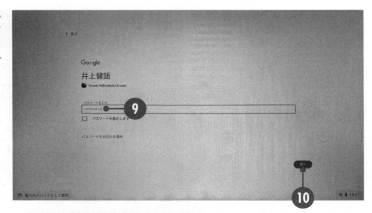

11
[完了]をクリックする。

12
もう一度、Google Workspace
アカウントのメールアドレスを
入力する。

13
[次へ]をクリックする。

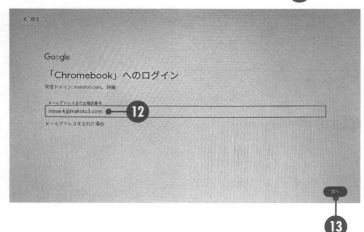

⑭

Google Workspaceアカウントのパスワードを入力する。

⑮

[次へ]をクリックする。

⑯

[同期して続行]をクリックする。なお、[設定後に同期オプションを確認する]をチェックすると、ログイン後、設定画面が表示される。ここではチェックしない。

⑰

Chromebookへのログインが完了し、利用可能な状態になる。

管理者による管理

　本文の方法でChromebookを設定すると、そのChromebookは管理者によって管理されるようになります。管理できる内容については、「第10章 Chromebookの管理」を参照してください。なお、Chromebookを管理するには、企業向けの「Google Workspace Enterprise」または教育機関向けの「Google Workspace Education」が必要になります。

個人のデバイスとして登録する

　手順❻で［あなた］を選択すると、Chromebookを個人用のGoogleアカウントの端末として登録できます。なお、「2-24　マルチユーザーで利用する（マルチログインの利用）」の方法を使えば、企業用と個人用など、複数のGoogle Workspaceアカウント（Googleアカウント）を登録して使い分けることも可能です。

1-3 Chromebookのキーボードの使い方と特徴

　Chromebookのキーボードには、固有のキーが用意されています。ここでは、その使い方を説明します。なお、機種固有のキーについては、各機種のマニュアルを参照してください。

・［フルスクリーン］……フルスクリーン没入モードに切り替える／戻す。

・［更新］……現在のページを更新する。

・［進む］……ブラウザの履歴を1つ進む。

・［戻る］……ブラウザの履歴を1つ戻る。

・［検索］……アプリとWebを検索する。

・［概要モード］……起動中のアプリを一覧表示して切り替える。

・［暗く］……画面を暗くする。

・［明るく］……画面を明るくする。

・［ロック］……画面をロックする

・［音を大きく］……音を大きくする。

・［音を小さく］……音を小さくする

・［ミュート］……音を消す。

ACER CP311-3H
-A14P のキーボード

Caps Lockをオン/オフする

英文字の大文字/小文字を切り替えるCaps Lockをオン/オフするキーは、[Alt] + [検索] キーです。

使用できるショートカットキーを確認する

Chromebookで使用できるショートカットキーは、[Ctrl] + [Alt] + [/] キーを押すと一覧表示されます。

[Ctrl] + [Alt] + [/] キーで表示されるショートカットキーの一覧

1-4 タッチパッドの操作方法

Chromebookは、タッチパッドで操作することができます。ここでは、対応している操作を整理しておきます。なお、デバイスによっては、一部の操作に対応していない場合もあります。

ポインタを動かす	タッチパッド上で指先を動かす。
クリック	タッチパッドの下半分を押すかタップする。
右クリック	タッチパッドを2本の指で押すかタップする。または、[Alt] キーを押したあと、1本の指でタッチパッドをタップする。
スクロール	タッチパッドに2本の指を置き、縦にスクロールする場合は指を上または下に、横にスクロールする場合は指を左または右に動かす。
ページ間を移動する	履歴の前のページに戻るには、2本の指で左にスワイプする。履歴の次のページに移動するには、2本の指で右にスワイプする。
起動しているアプリを一覧表示する概要モードに切り替える	3本の指で上または下にスワイプする。逆スクロールを有効にしている場合は上に、通常のスクロールを有効にしている場合は下にスワイプする。
タブを閉じる	目的のタブにカーソルを合わせてから、タッチパッドを3本の指でタップまたはクリックする。
新しいタブでリンクを開く	目的のリンクにカーソルを合わせてから、タッチパッドを3本の指でタップまたはクリックする。
タブを切り替える	ブラウザで複数のタブを開いている場合は、3本の指で左右にスワイプする。
ドラッグ&ドロップ	移動するアイテムのカーソルを合わせて1本の指でタッチパッドを押したまま、もう1本の指で移動先までドラッグしたあと、指を離す。

表1-1　タッチパッドの操作

1-5　タッチスクリーンの基本操作

　タッチスクリーンを搭載しているChromebookでは、タッチ操作でさまざまな処理ができます。ここでは、主な操作を説明します。

クリック	クリックする場所をタップする。
右クリック	右クリックする場所を長押しする。
スクロール	指を上下にスクロールする。
ブラウザのページ移動	前のページに戻るには左から右にスワイプする。次のページに進むには右から左にスワイプする。
拡大/縮小	拡大するには、2本の指を画面に触れて広げる。縮小するには、2本の指を画面に触れて縮める。
ランチャーを開く/閉じる	画面下部にあるアプリのシェルフを上にスワイプする。
アプリを並べる	アプリのタイトルバーをドラッグして画面の左右端にぶつけて指を離す。これで、左右半面のウィンドウで表示される。

表1-2　タッチスクリーンの操作

Chapter 2

Chrome OS の
基本的な使い方

Chromebookには、Googleが開発した「Chrome OS」というOSが搭載されています。この章では、このChrome OSの基本的な使い方を説明します。なお、Chrome OSは頻繁に自動更新されるため、本文の説明と異なっている可能性がある点をご了承ください。

Chrome OSの画面構成

　　ここでは、Chrome OSの画面構成について説明します。なお、機種によっては、タブレットのように利用できる「タブレットモード」が使える製品もあります。ここでは、マウスで操作することを前提とした「ノートパソコンモード」の画面を説明します。

・ランチャー……アプリやデバイス、Webの検索ボックス、起動したアプリの履歴などを表示します。

・通知領域……時刻、Wi-Fiの状態などを表示します。クリックすると、通知および設定のメニューが表示されます。

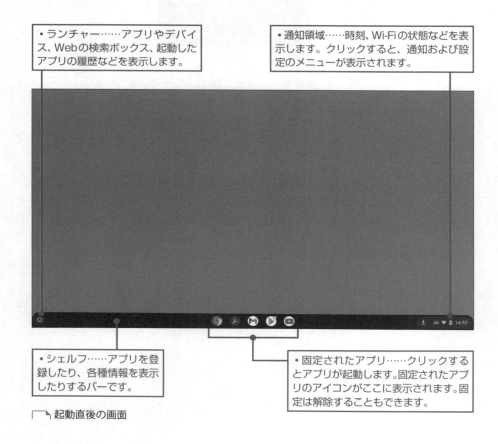

・シェルフ……アプリを登録したり、各種情報を表示したりするバーです。

・固定されたアプリ……クリックするとアプリが起動します。固定されたアプリのアイコンがここに表示されます。固定は解除することもできます。

起動直後の画面

・シェルフの拡張……シェ
ルフを拡張してすべてのア
プリを表示します。

・検索ボックス……
デバイス、アプリ、
Webを検索します。

・アプリの履歴……直近で実行され
たアプリが表示されます。クリック
するとアプリが起動します。

ランチャーをクリックした画面

・登録されているアプリ……登
録されているアプリのアイコン
が表示されます。ドラッグする
と位置を移動できます。

・シェルフを閉じる……
背景部分をクリックする
と、シェルフが閉じて最初
の状態に戻ります。

・一覧の切り替え……すべ
てのアプリが表示しきれて
いない場合は、ここで切り
替えられます。アプリ一覧
は上下のスクロールでも切
り替えられます。

すべてのアプリを表示した状態

2-2 タブレットモードでの基本操作

　　Chromebookの中には、タブレットのように利用できる「タブレットモード」を搭載した製品があります。このタイプの製品は、ヒンジを軸にして画面を逆側に回転すると、自動的にタブレットモードに切り替わります。ここでは、タブレットモード固有の操作について説明します。

❶ 通常のモード(ノートパソコンモード)。

❷ ヒンジを軸に画面を逆側に回転するとタブレットモードに切り替わる。

アプリを切り替える

　タブレットモードでは、原則としてアプリは全画面で表示されます。ただし、起動中のアプリを簡単に切り替える機能が用意されています。

📄 画面の下から上方向に向かってスワイプする。

📄 この状態になったら指を離す。

📄 現在起動中のアプリが一覧表示されるので、切り替えたいアプリをタップする。

📄 そのアプリが全画面で表示される。アプリ右上の［×］をタップするとアプリを終了できる。

固定されたアプリの表示／非表示

　画面下に固定されたアプリの一覧は、画面下にスワイプすると非表示にできます。シェルフ中央を上方向にスワイプすると再び表示されます。

ホーム画面の表示

　アプリが表示されているとき、画面下から上方向に長くスワイプするとホーム画面に切り替わります。

タッチキーボードを利用する

　タブレットモードでは物理キーボードが使えないため、検索ボックスなどにカーソルを置くなど、入力が必要になったタイミングで自動的にタッチキーボードが表示されます。

タッチキーボードが自動的に表示される。

タブレットモードでマウスを接続すると

　タブレットモードのときマウスを接続すると、元のモード（ノートパソコンモード）に戻ります。ただし、画面右下に通常のノートパソコンモードにはない「概要モード」のボタンが表示されます。

2-3　アプリのウィンドウを並べる（タブレットモード）

タブレットモードでは、アプリのウィンドウを左右または上下に並べることができます。また、並べた状態で分割の割合を変えることもできます。

❶ 画面の下端を下から上にスワイプする。

❷ この画面が表示されたら、左右に移動する。

❸ 指が左右端に触れると、このような表示になるので指を離す。

4 画面の半分にアプリが分割表示されたら、もう片方に表示するアプリをタップする。

5 アプリが分割表示された。

6 中央の分割線をドラッグすると、分割位置を変更できる(画面の解像度によっては分割できない)。画面端までドラッグすると、分割を解除できる。

上下分割もできる

　タブレットの表示が縦になっている場合は、本文と同じ手順で上下に分割することもできます。

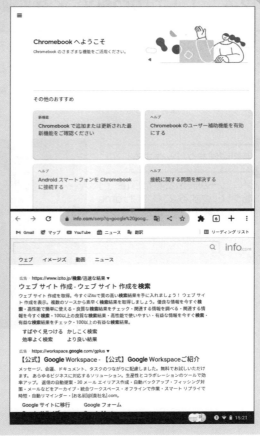

Google Chromeのタブを切り替える

　タブレットモードでは、Google Chromeのタブは表示されません。タブを切り替えるには、画面上端を上から下にスワイプしてください。タブの一覧が表示されるので、クリックするとそのタブに切り替わります。

🔲 画面上端を上から下にスワイプする。

🔲 タブが一覧表示される。クリックすると、そのタブに切り替わる。

2-4 Chromebookを起動する/終了する

Chromebookを起動するには、デバイスの電源ボタンを押します。その後は、次項の手順でログインしてください。なお、電源ボタンの位置は機種によって異なりますので、各機種のマニュアルを参照してください。以下では、Chromebookを終了する方法を説明します。

1 通知領域をクリックする。

2 メニューが表示されたら[終了]をクリックする。これでChromebookが終了して、電源がオフになる。

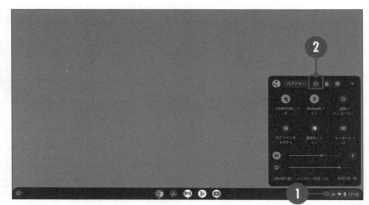

電源ボタンで終了する

電源ボタンを押すと、「終了」「ログアウト」「ロック」「フィードバック」の4つを選択できます。

Chromebookの電源ボタン

Chromebookの電源ボタンの配置は機種によって異なります。本体側面にボタンが用意されている場合もあれば、キーボード上に用意されている場合もあります。

▭ 本体側面にある電源ボタン（ACER CP311-3H-A14P）

▭ キーボード右上に電源ボタンがある場合（ASUS C423NA）

ログイン画面/
ロック画面で終了する

ログイン画面やロック画面では、[終了]をクリックするとChromebookの電源がオフになります。

井上健語

パスワード

⏻ 終了　　👤 ゲストとしてブラウジング　　👤 ユーザーを追加

2-5 Chromebookにログインする/ログアウトする

　　Chromebookを利用するには、電源を入れたあと、Google Workspaceのアカウントで
ログインします。また、作業を終了したり、別のアカウントでログインしたりするとき
はログアウトします。ここでは、ログアウトしたあと、再び同じアカウントでログイン
する手順を説明します。

① 通知領域をクリックする。

② メニューが表示されたら[ログ
アウト]をクリックする。

③ Chrome OSからログアウト
し、ログイン画面が表示される。

④

ログインするには、Google
Workspaceのアカウントの
[パスワード]を入力する。

⑤

[Enter] キーを押す。または
[→]をクリックする。

⑥

Chrome OSにログインしてデ
スクトップが表示される。

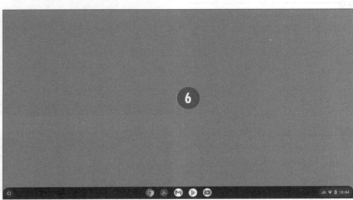

2-6 画面のロックとロック解除

作業中に一時的に席を外すような場合は、画面をロックすると安全です。ロックを解除するには、Google Workspaceアカウントのパスワードが必要になるため、勝手にデスクトップを操作される心配がありません。ここでは、画面をロック/解除する操作を説明します。

❶ 通知領域をクリックする。

❷ メニューが表示されたら[ロック]をクリックする。

❸ Chrome OSからログアウトし、ログインの画面が表示される。ロックを解除するには、再びパスワードを入力してログインする。

一定時間が経過すると画面オフ＆スリープになる

画面をロックしたあと一定時間が経過すると、画面がオフになり、その後、スリープ状態になります。

PINの設定

設定画面の［セキュリティとプライバシー］の［ロック画面とログイン］で画面ロックを解除するPINを作成できます。ただし、Google Workspaceの企業向けアカウントで利用している場合は、PINを作成できない場合があります。

2-7 | ファイル管理する

Chrome OSでは、基本的にクラウド上のGoogleドライブでファイルを管理します。また、デバイスに保存されるローカルのファイルを管理することもできます。

❶ [ランチャー]をクリックする。

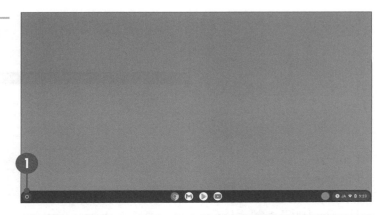

❷ [＾]をクリックする。

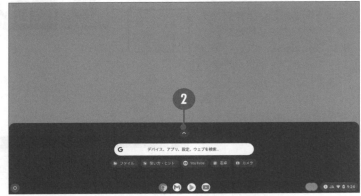

❸ アプリの一覧から[ファイル]を
クリックする。

④

ファイルを管理するアプリが起
動する。

「マイファイル」と
「Google ドライブ」

　ファイル管理のアプリで
は、ローカルファイルとして
カメラで撮影した画像ファイ
ル、ダウンロードしたファイ
ル、Google Play でダウン
ロードしたファイルを管理で
きます。また、左側のメニュー
で「Google ドライブ」を選
択すると、Google ドライブ
上のフォルダやファイルを管
理できます。

「マイファイル」ではローカルのファイルを管理できる。

Google ドライブではクラウドにある Google ドライブ上のフォルダや
ファイルを管理できる。

新しいフォルダを作る

　右上の［その他］をクリックし、メニューから［新しいフォルダ］を選択すれば、ローカルディスクやGoogleドライブ上に新しいフォルダを作成できます。

表示方法の変更と並べ替え

　ファイル管理ツールの右上のメニューで、表示方法（リスト形式／サムネイル形式）の変更やファイルの並べ替え、フォルダやファイルの検索などができます。

ファイルをシェルフに固定する

ファイルを右クリックし、メニューの[シェルフに固定]を選択すると、通知領域左側の「トート」と呼ばれる領域にファイルを固定できます。固定したファイルは、トートをクリックするとすぐにアクセスできます。

ファイルを右クリックし、メニューの［シェルフに固定］を選択する。

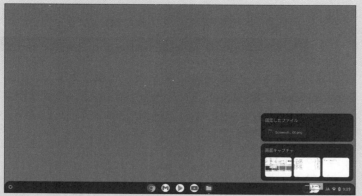

［トート］をクリックすると固定したファイルにアクセスできる。

複数のファイルアプリを利用する

［ファイル］のアイコンを右クリックして［新しいウィンドウ］を選択すると、複数のファイルアプリを起動できます。2つのファイルアプリを並べると、ファイルをドラッグ＆ドロップでコピーできます。

2-8 設定画面を表示する

Chromebookでは、ネットワークやデザインなど、外観や機能を設定・カスタマイズすることができます。設定は専用の設定画面で行います。ここでは、設定画面の表示方法と基本的な使い方を説明します。

❶ 通知領域をクリックする。

❷ [設定]をクリックする。

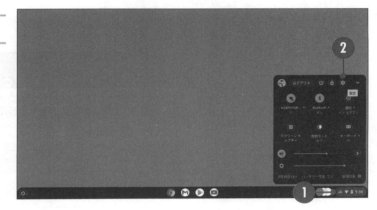

❸ 設定の画面が表示される。なお、メニューの[設定]を選択しても同じ画面が表示される。

設定画面のメインメニュー

設定の画面では、左側にメインメニューが表示されます。なお、ウィンドウが小さいとメインメニューは表示されませんが、左上の［メインメニュー］のボタンをクリックするとメインメニューが表示されます。メインメニューで項目をクリックすると、その項目に移動します。

ウィンドウが小さいとメインメニューが表示されない。［メインメニュー］のボタンをクリックすると表示される。

詳細設定を表示する

設定画面を開いた直後は、すべての項目は表示されていません。設定画面の一番下にある［詳細設定］をクリックするか、メインメニューの［詳細設定］を選択すると、詳細設定の項目が表示されます。

［詳細設定］をクリックすると、最初は表示されていなかった項目が表示される。

音量や画面の明るさを調整する

Chromebookの音量や画面の明るさは、画面のメニューで調整することもキーボードで調整することもできます。ここでは両方の方法を説明します。

1 通知領域をクリックしてメニューを開く。

2 音量は[音量]のスライダーを左右にドラッグして調整する。

3 画面の明るさは、[輝度]のスライダーを左右にドラッグして調整する

4 音量はキーボードのボタンでも調整できる。

5 画面の明るさは輝度のキーだけでも調整できる。

音量をミュートする

音量をゼロにする（ミュート）するときは、通知領域のクリックで開くメニューでスピーカーのアイコンをクリックします。また、キーボードの［ミュート］キーを押してもかまいません。

📷 スピーカーのアイコンをクリックするとミュートできる。

📷 ［ミュート］キーを押してもミュートできる。

2-10 通知の表示/非表示を切り替える (サイレントモードの利用)

Chromebookでは、アプリや拡張機能などからさまざまな通知が表示されます。集中して作業したいときなどは、「サイレントモード」を有効にすると、これらの通知が表示されなくなります。

❶ 通知領域をクリックしてメニューを開く。

❷ サイレントモードのアイコンをクリックする。

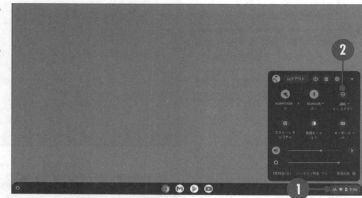

❸ サイレントモードの有効/無効が切り替わる。なお、サイレントモードが有効のときはアイコンが青色になる。

サイレントモードが有効なとき表示されるアイコン

サイレントモードが有効なときは、通知領域に右のようなアイコンが表示されます。

サイレントモードが有効のとき表示されるアイコン

アプリごとに通知の有効/無効を設定する

サイレントモードが有効な場合でも、アプリごとに通知の有効/無効を設定することができます。通知のアイコン下部をクリックするとアプリの一覧が表示されるので、先頭のチェックボックスで設定してください。チェックすると通知され、チェックを外すと通知されなくなります。

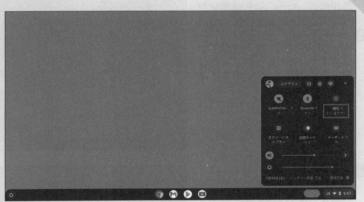

通知アイコンの下部をクリックする。

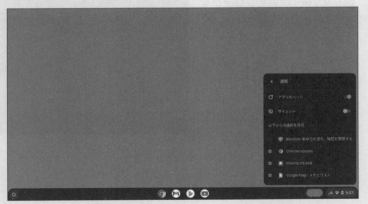

アプリの一覧が表示される。アプリごとに通知の有効/無効を設定する。

2-11 Wi-Fiの設定（iPhoneでテザリングする）

Chromebookでは、初期設定時にWi-Fiネットワークを設定し、以降はそのWi-Fiネットワークが自動的に利用されます。別のWi-Fiネットワークを利用する場合は、ここで説明する方法で設定してください。ここでは、iPhoneでのテザリングを例に説明します。

❶ iPhoneでインターネット共有を有効にして、テザリングできる状態にしたら、通知領域をクリックしてメニューを開く。

❷ Wi-Fiのアイコンの下をクリックする(Wi-FiのアイコンをクリックするとWi-Fiが無効になるので注意)。

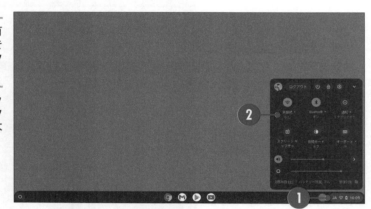

❸ ネットワークのリストが表示されたら、接続したいネットワークをクリックする。ここでは接続したいiPhoneをクリックする。

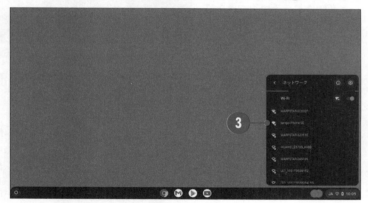

4 Wi-Fiのパスワードを入力する。

5 同じデバイスを複数のユーザーが共有している場合、他のユーザーにもネットワークの利用を許可するなら、[このデバイスの他のユーザーにこのネットワークの使用を許可する]をオンにする。

6 [接続]をクリックする。

7 iPhoneに接続されて、テザリングが有効になる。

次回からは自動で接続される

一度設定したWi-Fiネットワークは、次回からは自動的に接続されます。複数のWi-Fiネットワークが利用可能な状態では、ネットワークを選択するだけで自動的に切り替わります。

Wi-Fiの有効/無効を切り替える

通知領域でWi-Fiアイコンをクリックすれば、Wi-Fiの有効/無効を切り替えられます。有効のときはアイコンが青になります。

Wi-Fiが無効の場合

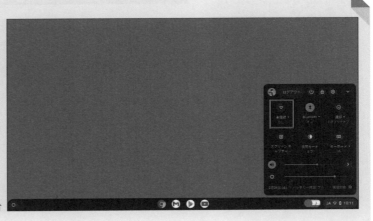

2-12 Bluetoothの設定

Chromebookでは、Bluetoothのデバイスも接続できます。いったんペアリングすれば、以降は自動的に接続されますが、初回はペアリングの操作が必要です。

1 Bluetoothデバイス側でペアリングできる状態にしたら、通知領域をクリックしてメニューを開く。

2 Bluetoothのアイコンの下をクリックする。

3 デバイスが表示されたらクリックする。

4 メッセージが表示されてBluetoothデバイスと接続される。メッセージは自動的に消える。以降は、このBluetoothデバイスとは自動的に接続されるようになる。

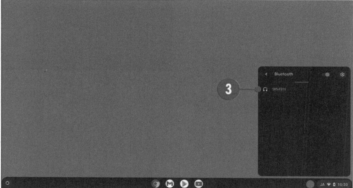

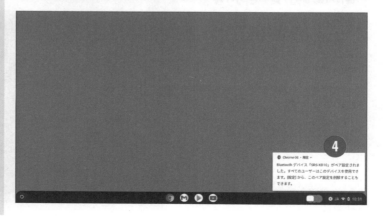

Bluetoothの有効/無効を切り替える

通知領域でBluetoothのアイコンをクリックすれば、Bluetoothの有効/無効を切り替えられます。有効のときはアイコンが青になります。

Bluetoothが無効の場合

2-13 日本語入力の設定

Chromebookでは、日本語入力システムとして「Google日本語入力」が利用できます。日本語を入力するときは［かな］キーを押してローマ字入力し、半角英数字を入力するときは［英数］キーを押して対応するキーを押してください。ここでは、Google日本語入力の設定画面を表示する方法を説明します。カナ入力に切り替えたり、キー割り付けを変更したりするときは、この設定が必要になります。

❶
通知領域をクリックしてメニューを開く。

❷
［キーボード］のアイコンをクリックする。

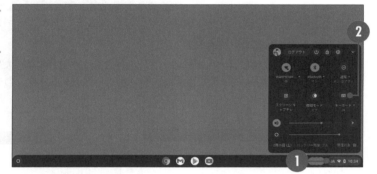

❸
右上の設定のアイコンをクリックする。

❹
［入力方法］の［日本語］で右端のボタンをクリックする。

⑤

Google Chrome が起動して
Google日本語入力の設定ウィ
ンドウが表示されるので、必要
な設定を行う。設定したら右上
の[×]をクリックして閉じる。

日本語／半角英数字の切り替え

日本語を入力するときは、キーボードの［かな］キーを押してください。通知領域に「あ」と表示
され、かなを入力して変換できるようになります。半角英数字を入力するときは、［英数］キーを押し
てください。半角英数字を入力できるようになります。

[かな] キーを押すと「あ」と表示されて、か
なを入力して日本語に変換できるようになる。

[英数] キーを押すと「JA」と表示されて半角
英数字を入力できるようになる。

シェルフに入力オプションを表示

手順4の設定画面で［シェルフに入力オプ
ションを表示］をオンにすると、通知領域に
日本語入力のボタンが表示されるようになり
ます。クリックすると、入力モードを切り替
えたり、手書き入力や音声入力などを利用し
たりできるメニューが表示されます。

夜間モードの有効/無効を切り替える

Chromebookには、周囲が暗い環境で画面を見やすくして目への負担を軽減する「夜間モード」が用意されています。夜間モードは、手動でオン/オフを切り替えることもできますし、指定した時間に自動的に切り替えることもできます。

1
通知領域をクリックしてメニューを開く。

2
[夜間モード]のアイコンをクリックする。

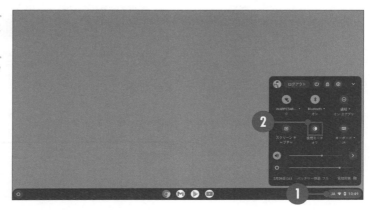

3
夜間モードが有効になって色が変化する。なお、夜間モードがオンのときは、[夜間モード]のアイコンが青色になる。

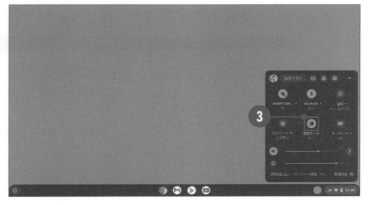

夜間モードの詳細設定

　夜間モードのアイコンの下部をクリックすると、ディスプレイの詳細を設定する画面が表示されます。[夜間モード]の[色温度]では、夜間モードにしたときの色を寒色と暖色の間で調整できます。また、[スケジュール]で夜間モードに切り替わる時間帯を設定できます。選択できる項目は次のとおりです。

- **使用しない**……自動的に切り替えない。
- **日の入りから日の出まで**……日没から日の出まで夜間モードにする。
- **カスタム**……夜間モードにする時間帯を独自に設定する。

　　[夜間モード]の設定

2-15 壁紙を設定する

デスクトップの背景は、ユーザーが自由にカスタマイズできます。さまざまな画像が用意されていますので、好みで選択してください。

1 シェルフまたはデスクトップを右クリックしてメニューを開く。

2 [壁紙を設定]を選択する。

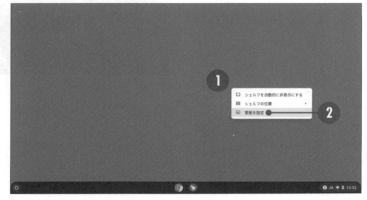

3 カテゴリーを選択する。

4 画像をクリックして選択する。

5 画像が変更される。

6 [×]をクリックして設定画面を閉じる。

❼ デスクトップの背景が変更された。

壁紙を毎日更新する

　画像一覧の左上には、[毎日更新]という設定が用意されています。ここをオンにすると、そのカテゴリー内の画像が、毎日、自動的にランダムに表示されるようになります。

デスクトップにはアイコンを置けない

　Chrome OSでは、WindowsやMacのようにアプリのアイコンをデスクトップに配置することはできません。

2-16 新しいデスクトップ（デスク）を追加する / 切り替える / 削除する

Chromebookでは、新しいデスクトップ（以下、「デスク」）を追加して、切り替えて利用することができます。

① キーボードの[概要モード]を押す。すると、現在起動しているアプリが一覧表示される。

② 画面上の[+]をクリックする。

③ 新しいデスクが追加され。名前を設定できる状態になる。必要であれば名前を入力する。

④ 何も入力しないで画面下をクリックすれば「デスク2」「デスク3」……のように設定される。ここでは何も入力しない。

⑤ 「デスク2」をクリックする。

⑥ デスク2に切り替わる。

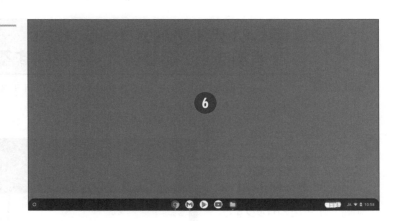

再起動後もデスクが復元される

複数のデスクを作成すると、再起動後もそのデスクが復元されます。

デスクを切り替える

デスクを切り替えるには、キーボードの［概要モード］を押してデスクを一覧表示し、切り替えたいデスクをクリックします。また、タッチパッドを4本の指で左右にスワイプしても切り替えられます。

デスクを削除する

デスクを削除するには、キーボードの［概要モード］を押してデスクを一覧表示し、右上の［×］をクリックします。

ウィンドウを別のデスクに移動する

アプリのウィンドウのタイトルバーを右クリックし、［ウィンドウをデスクに移動］-［移動先のデスク］を選択すれば、ウィンドウがそのデスクに移動します。また、キーボードの［概要モード］を押してデスクを一覧表示した状態で、アプリを別のデスクにドラッグ＆ドロップして移動することもできます。

2-17 画面をキャプチャして画像にする

Chromebookには、画面をキャプチャしてPNG形式の画像として保存する機能が用意されています。画面全体、ドラッグした範囲、特定のウィンドウの3つを画像にすることができます。ここでは画面全体（フルスクリーン）を画像にする方法を説明します。

① 通知領域をクリックしてメニューを開く。

② ［スクリーンキャプチャ］をクリックする。

③ 中央にある3つのボタンの左端のボタン（フルスクリーン）をクリックする。

④ 画面の任意の場所をクリックする。

⑤ 画像ファイルとして保存される。

全画面／ドラッグした範囲／ウィンドウの切り替え

　キャプチャする範囲は、画面下のボタ
ンで切り替えます。全画面の場合は画面
の任意の場所をクリックするとキャプ
チャされます。ドラッグした範囲の場合
は、画面をドラッグするとその範囲が画
像になります。ウィンドウの場合は、ク
リックしたウィンドウが画像になりま
す。なお、次項の録画も同様です。

・全画面　　・ドラッグした範囲　　・特定のウィンドウ

画像ファイル名と保存場所

　キャプチャした画像ファイル
は、初期設定では「マイファイ
ル」の「ダウンロード」フォル
ダに保存されます。ファイル名
は「Screenshot 2021-12-30
12.08.19.png」のような「Screen
shot」という文字とキャプチャ
した日時の組み合わせになりま
す。

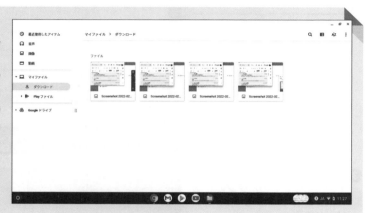

トートからファイルにアクセスする

　キャプチャした直後は、通知領域左側
の「トート」と呼ばれる箇所をクリック
して画像ファイルにアクセスできます。

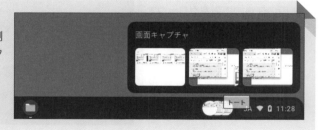

フルスクリーンキャプチャのショートカットキー

　フルスクリーンでキャプチャするには、[Ctrl] キー
と[概要モード] キーを同時に押してもかまいません。

2-18 画面操作を録画する

　Chromebookでは、画面操作の操作を録画してWEBM形式の動画ファイルとして保存できます。録画する範囲としては、画面全体、ドラッグした範囲、特定のウィンドウを選択できます。ここでは、特定のウィンドウでの操作を録画する方法を説明します。

❶
通知領域をクリックしてメ
ニューを開く。

❷
[スクリーンキャプチャ]をク
リックする。

❸
[画面録画]をクリックする。

❹
[ウィンドウを録画]をクリック
する。

❺
録画したいウィンドウにマウス
カーソルを合わせる。目的の
ウィンドウがハイライト表示さ
れたらクリックする。

6

「3、2、1」とカウントダウンが
行われた後、録画がスタートす
る。

7

録画する操作を実行する。

8

通知領域の[画面の録画を停
止]をクリックする。

9

実行した操作が録画されて
WEBM形式の動画ファイルと
して保存される。

動画ファイル名と保存場所

　録画した動画ファイルは、初期設定では「マイファイル」の「ダウンロード」フォルダに保存されます。ファイル名は「Screen recording 2021-12-30 12.08.19.webm」のような「Screen recording」という文字とキャプチャした日時の組み合わせになります。ダブルクリックすれば、すぐに再生できます。

ドラッグした範囲の録画

　[画面の一部を録画]をクリックした場合は、そのあとで範囲をドラッグします。すると、ドラッグした範囲の中央に[録画]ボタンが表示されるので、クリックしてください。「3、2、1」とカウントダウンが行われた後、録画がスタートします。

トートからファイルにアクセスする

　キャプチャした直後は、通知領域左側の「トート」と呼ばれる箇所をクリックして動画ファイルにアクセスできます。

2-19 シェルフの位置を設定する

初期設定ではシェルフが画面下に配置されていますが、左または右に変更することができます。機能に変化はないので、使いやすい位置を選択してください。

❶ シェルフまたはデスクトップを右クリックしてメニューを開く。

❷ [シェルフの位置]を選択する。

❸ サブメニューで[左][下][右]のいずれかを選択する。

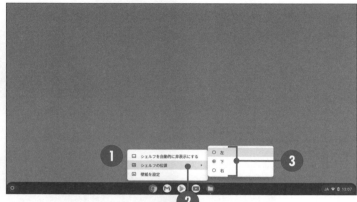

❹ シェルフの位置が変更される。

シェルフを自動的に隠す

シェルフの右クリックメニューで［シェルフを自動的に非表示にする］を選択すると、アプリが起動したときシェルフが自動的に消えるようになります。シェルフの位置にマウスポインタを移動すると、自動的に現れます。

2-20 アプリを起動する／終了する

Chromebookでは、アプリをさまざまな方法で起動できます。ここでは、代表的な起動方法を説明します。

① シェルフに起動したいアプリのアイコンがある場合は、クリックするとすぐに起動する。

② アイコンがない場合は、[ランチャー]をクリックする。

③ 起動したアプリの履歴が表示される。ここに起動したいアプリがある場合は、クリックすると起動する。

④ アイコンがない場合は、[＾]をクリックする。

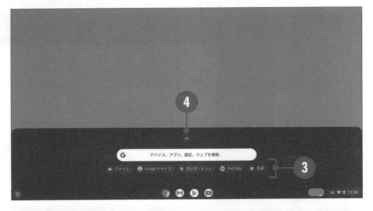

⑤ アプリのアイコンの一覧が表示されるので、起動したいアプリをクリックする。

6
アプリが起動する。

アプリを検索して起動する

手順❸で検索ボックスにアプリ名の一部を入力するとアプリが検索され、クリックすると起動します。

2-21 アイコンをシェルフに固定する

よく利用するアプリのアイコンは、シェルフに固定することで、素早く起動できるようになります。

❶
アプリ一覧を表示する。

❷
固定したいアプリのアイコンを右クリックする。

❸
[シェルフに固定]を選択する。

❹
シェルフにアイコンが固定される。

ドラッグ＆ドロップで固定する

メニューからシェルフまで、アイコンをドラッグ＆ドロップして固定することもできます。

シェルフへの固定を解除する

シェルフに固定したアイコンは、右クリックして［固定を解除］を選択すれば解除できます。または、シェルフからシェルフの外にドラッグしても固定を解除できます。

2-22 よく利用するWebページ/ Webアプリケーションをアプリ一覧に登録する

Chromeでよく利用するWebページやWebアプリケーションがある場合は、その
ショートカットアイコンをアプリ一覧にアイコンとして登録できます。登録したアイコ
ンをクリックすれば、素早く起動できます。また、アイコンをアプリと同様にシェルフ
に固定することもできます。

1 Google Chrome でWeb ページ/Webアプリケーションを表示する。

2 右上の[Google Chromeの設定]をクリックし、[その他のツール]の[ショートカットを作成]を選択する。

3 確認のメッセージが表示されたら[作成]をクリックする。

4 アプリの一覧にWebページ/Webアプリケーションのショートカットアイコンが登録される。

アイコンを削除する

　登録したWebページのショートカットアイコンは、右クリックして［アンインストール］するとアプリの一覧から削除されます。

　　ショートカットアイコンを右クリックし、［アンインストール］を選択するとアプリ
　　一覧から削除できる。

2-23 別のアカウントを追加する

Chromebookには、別のアカウントを追加して切り替えて利用することができます。1
台のデバイスを複数のメンバーで共有する場合はもちろん、1台のデバイスを会社用と
個人用のアカウントで使い分けることもできます。ここでは、アカウントを追加する方
法を説明します。

①
Chromebook を再起動するか
ログアウトし、ログイン画面を
表示する。

②
[ユーザーを追加]をクリックす
る。

③
新しいアカウントのメールアド
レスを入力する。

④
[次へ]をクリックする。

⑤
パスワードを入力する。

⑥
[次へ]をクリックする。

⑦

2段階認証の手続きが表示された場合は、手続きを実行する。この画面は、スマートフォンでの確認を指示するメッセージ。

⑧

[同意して続行]をクリックする。

⑨

Google Playの説明が表示される。[もっと見る]をクリックする。

⑩

[同意する]をクリックする。

⑪

Googleアシスタントの画面が
表示されたら[同意する]をク
リックする。

⑫

[始める]をクリックする。

⓭ 追加したアカウントでログイン
できる。

ログイン時に選択

　アカウントを追加すると、
ログイン時にアカウントを選
択できるようになります。使
用するアカウントを選択し、
パスワードを入力してログイ
ンしてください。

追加したアカウントを削除する

　ログイン画面でアカウント
の下向き矢印をクリックし、
[アカウントを削除]を選択す
ると、追加したアカウントを
削除できます。

アカウントをワンタッチで切り替える

　複数のアカウントを登録しておくと、Chromebook起動中に、パスワード入力なしでアカウントを
素早く切り替えることができます。設定方法は次の「2-24　マルチユーザーで利用する（マルチログ
インの利用）」を参照してください。

2-24 マルチユーザーで利用する （マルチログインの利用）

前項の「2-23　別のアカウントを追加する」の方法で複数のアカウントを登録している場合は、パスワードを入力することなく、アカウントを素早く切り替えることができます。この機能を「マルチログイン」と呼びます。

① 通知領域をクリックする。

② メニューが表示されたら、アカウントのアイコンをクリックする。

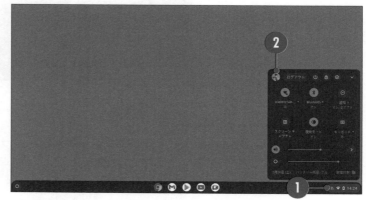

③ [別のユーザーとしてログインする]をクリックする。

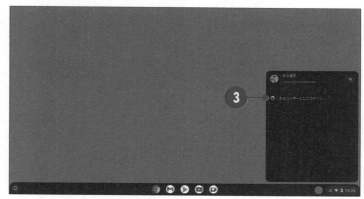

④ 登録している別のアカウントが表示されるので選択し、パスワードを入力する。

⑤ [Enter]キーを押すか、[→]をクリックする。

⑥
アカウントが切り替わって、デスクトップが表示される。以降は、以下の手順で2つのアカウントをパスワードなしで切り替えられるようになる。

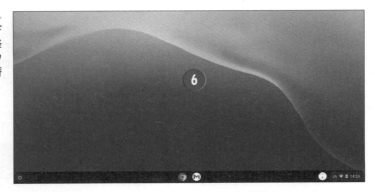

⑦
通知領域をクリックする。

⑧
メニューが表示されたら、アカウントのアイコンをクリックする。

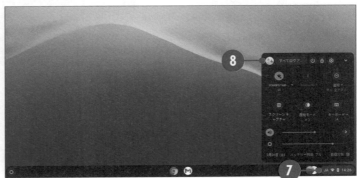

⑨
切り替えたいアカウントをクリックする。

⑩
パスワードなしでアカウントが切り替わる。

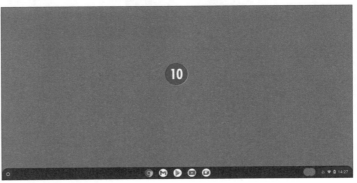

別のユーザーとしてログインできない

　企業で使用しているGoogle Workspaceのアカウントを利用している場合は、別のアカウントでログインできない場合があります。また、Chromebookの初期設定で登録したアカウント以外のアカウントで利用している場合も、別のユーザーとしてログインできない場合があります。

同時ログアウトが前提

　複数のアカウントでChromebookにログインしている場合、個別にログアウトすることはできません。ログアウトするときは、すべてのアカウントから同時ログアウトする必要があります。このため、通知領域をクリックしたとき表示されるメニューにも、[すべてログアウト]と表示されます。

アカウント間でウィンドウを移動する

　複数のアカウントでログインしている場合は、ウィンドウをアカウント間で移動できます。ウィンドウのタイトルバーで右クリックし、[○○にウィンドウを移動]を選択してください。

2-25 ゲストとしてブラウジングする（ゲストモードの利用）

自分のChromebookを友人・知人に一時的に貸してあげるとき、あるいは学校や図書館などの共有または公共の用途でChromebookを利用するときなどは、ログインしないでChromebookが利用できる「ゲストモード」が便利です。ここでは、ゲストモードの使い方を説明します。

① ログインしている場合は、いったんログアウトとしてログイン画面を表示する。

② ［ゲストとしてブラウジング］をクリックする。

③ ゲストモードでChromeが起動する。

④ 通常の操作でWebを表示する。

⑤ 終了するときは通知領域をクリックする。

⑥ メニューの[ゲストを終了]をクリックする。

⑦ ゲストモードが終了してログイン画面に戻る。

ゲストモードの特徴

ゲストモードではページの履歴が残らず、Cookieなどの記録もログアウトすると自動的に削除されます。また、ダウンロードしたファイルやブックマークも保持されません。

2-26 Google Workspaceを便利に活用する サテライトオフィスの各種サービス

　サテライトオフィスでは、Google Workspaceを便利に活用するためのさまざまなサービスを開発・提供しています。ここでは、特にGoogle Workspaceへのログインを容易にするハードウェア関連のサービスをご紹介します。

サテライトオフィス・シングルサインオン for Google Workspace

https://www.sateraito.jp/Google_Apps_SSO.html

　Google Workspaceも含めた各クラウドへの一括ログインを可能にするサービスです。IPアドレスや端末ごとにアクセス制御が可能で、パスワード強度、ログイン履歴などを簡単に設定・管理できます。この機能により、たとえば自宅や社外から管理者が許可したメンバー、許可したパソコンやスマートフォンだけGoogle Workspaceを利用可能にするといった対応が可能です。なお、本サービスでは万が一のサービスダウン対策として、Amazon EC2上に緊急時SSOサーバ(無償)を提供しています。

サテライトオフィス・クライアント証明書 for Google Workspace

https://www.sateraito.jp/G_Suite_Clientcertificate.html

　「サテライトオフィス・シングルサインオン for Google Workspace」の拡張機能とし
て無償提供されているユーザー認証や端末制御に利用できるクライアント証明書です。
もちろんChromebook（Chrome OS）にも対応しています。管理者による一括発行/配
布/失効、社有端末のみに対するインストール、発行/失効/インストール状況の確認と
いった管理機能も用意されています。

指紋認証用デバイス

https://www.sateraito.jp/Chrome/ATkeypro.html

　「サテライトオフィス・シングルサインオン for Google Workspace」と連携すること
で、FIDO2.0（生体認証）対応の指紋認証を実現できるハードウェアです。USBポート

（Type-A）に装着することで、指紋認証機能のないChromebookでも、指紋認証の機能を簡単に実現することができます。

サテライトオフィス AI顔認証

https://www.sateraito.jp/Sateraitooffice_Face_recognition/index.html

　ChromebookやChrome ブラウザで、AIによりユーザーの顔を認証し、本人かどうかをチェックするサービスです。Chromeの拡張機能として提供されます。あらかじめユーザーの顔写真を登録しておくことで認証を行います。マスク、メガネをしていても認証可能です。また、管理者用ダッシュボードで利用ユーザーの一覧表示やログ管理が可能です。

Chapter

3

アプリや拡張機能の
追加と削除

Chromebook では、Chrome 用に開発されたアプリ・
拡張機能をインストールできます。また、Android 用のア
プリも利用可能です。この章では、これらのインストール
方法 / アンインストール方法を説明します。

3-1 アプリ・拡張機能をインストールする

Chromebookでは、必要なアプリや拡張機能をユーザーが自由にインストールすることができます。ここでは、図形を描画できる「Google図形描画」というアプリをインストールする例を説明します。なお、他のアプリや拡張機能もインストール方法は共通です。

① メニューで「ウェブストア」のアイコンをクリックする。

② Chromeウェブストアが起動したら、検索ボックスに「Google図形描画」と入力して[Enter]キーを押す。

③
検索された Google 図形描画を
クリックする。

④
[Chrome に追加]をクリックす
る。

⑤
確認のメッセージが表示された
ら[アプリを追加]をクリックす
る。これで、アプリがインストー
ルされてメニューに追加され
る。

❻
メニューに「Google 図形描画」
が追加されている。起動するに
はクリックする。

❼
Google 図形描画が起動する。

拡張機能とアプリの違い

Chromebook では、「拡張機能」と「アプリ」をインストールできます。

● **拡張機能**……Web ブラウザの Chrome の機能を拡張するプログラムです。このため、Chrome を利用しているときだけ使えます。また、拡張機能の多くは、拡張バーにボタンが追加されるという特徴があります。

● **アプリ（Chrome アプリ）**……単独のアプリケーションのように使えるアプリです。Web ブラウザの Chrome とは独立して利用できます。

なお、Google は Chromebook（Chrome OS）における Chrome アプリのサポートを 2025 年 1 月に終了すると発表しています。それ以降は、Chrome アプリはサポートされなくなります。ただし、拡張機能および Chrome 上で利用できる Web アプリは引き続き利用できます。

アプリ・拡張機能を検索する

　ウェブストアの起動直後は、最新のアプリ・拡張機能、Googleおすすめのアプリ・拡張機能などが表示されます。検索するなら、左上の［ストアを検索］にキーワードを入力して［Enter］キーを押してください。その際には、「テーマ」や「アプリ」をクリックして種類を絞り込むことができます。また、［カテゴリー］でアプリ・拡張機能のカテゴリーを指定して探すこともできます。

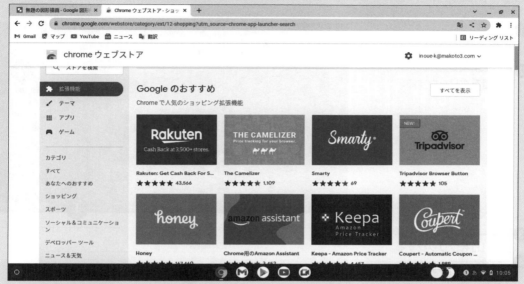

カテゴリーを指定して絞り込むこともできる。画面は「ショッピング」で絞り込んだところ。

アプリ・拡張機能を実行・インストールできない？

　管理者によってアプリ・拡張機能の利用が禁止されている場合は、アプリ・拡張機能を実行・インストールできません。

Webアプリケーション（Webアプリ）をインストールする

　Chromebookでは、アプリ、拡張機能、Androidアプリの他に、Webブラウザで利用するWebアプリケーション（Webアプリ）も利用できます。Webアプリケーションを利用するには、そのURLにアクセスするだけなので、特にインストールは必要ありません。「2-22　よく利用するWebページ/Webアプリケーションをアプリ一覧に登録する」の方法でアプリ一覧に登録することがインストールに相当します。

3-2 アプリをアンインストールする

Chromebookにインストールしたアプリは、不要になったらアンインストールして
Chromebookから削除できます。ここでは、その手順を説明します。

1
通知領域をクリックしてメ
ニューを表示する。

2
[設定]をクリックする。

3
[アプリ]をクリックする。

4
[アプリを管理する]をクリック
する。

5
インストールしたアプリの一覧
が表示されたら、アンインス
トールしたいアプリをクリック
する。

❻

[アンインストール]をクリック
する。

❼

確認のメッセージが表示された
ら[アンインストール]をクリッ
クする。これで、そのアプリが
アンインストールされる。

メニューのアイコンからアプリを削除する

　メニューでアプリのアイコ
ンを右クリックし、[アンイン
ストール]を選択してもアン
インストールできます。

🔲 アイコンを右クリックして [アンインストール] を選択する。

Chromeの拡張機能をアンインストールする

　Google Chromeの拡張機
能をアンインストールする場
合は、Google Chromeを起
動し、右上の[Google Chrome
の設定] をクリックしてメ
ニューの [その他のツール]
－[拡張機能] を選択します。
表示された画面で、アンイン
ストールしたい拡張機能の
[削除]をクリックしてくださ
い。

Android用アプリをインストールする/ 削除する

　　　Chromebookに「Playストア」のアイコンが表示されている場合は、Playストアを使って Android用のアプリをインストールできます。ここでは、マイクロソフトのAndroid 版Teamsを検索して、インストールする操作を説明します。

1 メニューで[Playストア]のアイ コンをクリックする。

2 Google Playストアが起動する。

3 検索ボックスに「Microsoft」と 入力して[Enter]キーを押す。

4 マイクロソフトのAndroidアプリが検索されたら、「Microsoft Teams」をクリックする。

5 [インストール]をクリックする。

6 インストールが完了したら、[×]をクリックしてPlayストアを終了する。

❼

メニューに「Teams」のアイコンが追加される。

❽

クリックするとTeamsが起動する。なお、初回起動時にはMicrosoftアカウントでのサインインの手続きが必要になる。

Playストアにアプリがない？

　企業向けのGoogle Workspaceのアカウントで利用する場合、Playストアを起動してもアプリが表示されないことがあります。これは、管理者によってAndroidアプリの使用が禁止されている場合です。詳細は第10章の「Androidアプリ/拡張機能の利用を許可する/禁止する」を参照してください。

Androidアプリをアンインストールする

メニューのアプリのアイコンを右クリックし、[アンインストール]を選択すれば、アンインストールできます。

アイコンを右クリックして[アンインストール]を選択する。

3-4 Androidアプリを管理する

「Playストア」の「マイアプリ」を利用すると、ChromebookにインストールしたAndroidアプリを一覧表示してアップデートの有無を確認したり、他のAndroidデバイスでインストールしたアプリを確認したりできます。ここでは、「マイアプリ」の使い方を説明します。

① メニューで「Playストア」のアイコンを右クリックする。

② [マイアプリ]を選択する。

③ 「アプリとデバイスの管理」の[概要]タブが表示される。ここでは、有害アプリの有無やアプリの状態(最新かどうか)などが表示される。

④ [管理]タブをクリックする。

5

[管理]ではアプリの一覧が表示される。

インストール済み/未インストールのアプリとは？

[管理] タブで [インストール済み] をクリックすると、インストール済みアプリ/未インストールのアプリを切り替えられます。「未インストール」とは、他のデバイスでインストールしたことがあるものの、このデバイスではインストールしていないアプリです。[インストール済み]はこのデバイスにインストールしてあるアプリです。

Chapter

4

Chromebookの
主な設定変更と
カスタマイズ

　この章では、Chrome OSの設定、カスタマイズについて説明します。Chromebookは、ユーザーの使い方に合わせて自由にカスタマイズできますので、使い方に慣れてきたら、設定を変更して使いやすさを追求してみてください。なお、設定できる項目は非常に多いので、ここでは主な項目だけを紹介します。

自分のアカウント用のアイコンを変更する

Chromebookのアカウント用のアイコンは、あとから自由に変更できます。また、カメラを起動してその場で撮影した画像を利用したり、既存の画像ファイルを利用したりすることもできます。

①
設定画面を表示する(「2-8 設定画面を表示する」参照)。

②
[アカウント]を選択する。

③
[カスタマイズ]にある[デバイスのアカウント画像を変更]をクリックする。

④
利用したいアイコンをクリックする。これで自分のアカウントのアイコンが変更される。

カメラで撮影する

アイコン一覧の左上にあるカメラのアイコンをクリックすると、カメラを使って画像を撮影し、アイコンとして利用できます。なお、カメラ起動後、右下のボタンでカメラとビデオを切り替えられます。ビデオを使うと、動画を撮影してアイコン化できます。

保存済みのファイルを利用する

アイコン一覧の左上にあるフォルダのアイコンをクリックすると、Chromebookに保存済みの画像ファイルやGoogleドライブ上の画像ファイルを指定して、アイコンとして利用できます。

4-2 マウス/タッチパッドを設定する

Chromebookでは、マウスやタッチパッドの速度変更、左右のボタンの入れ替えなどができます。マウス、タッチパッドが操作しづらい場合は、設定を変更してください。

❶ 設定画面を表示する(「2-8 設定画面を表示する」参照)。

❷ [デバイス]を選択する。

❸ [マウスとタッチパッド]をクリックする(マウスを接続していない場合は[タッチパッド]のみとなる)。

❹ マウスとタッチパッドの設定を変更する。

4-3 プリンタを設定する

Chromebookでは、Wi-Fiや有線の同じネットワーク内にあるプリンタを自動的に認識し、利用できます。また、ネットワーク環境がない場合でも、プリンタとUSBケーブルで接続すれば直接印刷することも可能です。ここでは、プリンタが自動的に設定されなかった場合に、手動で設定する方法を説明します。

❶ プリンタの電源を投入し、Chromebookと同じネットワークに接続する。

❷ 設定画面を表示する（「2-8　設定画面を表示する」参照）。

❸ [詳細設定]をクリックする。

❹ [印刷とスキャン]を選択する。

❺ [プリンタ]をクリックする。

6 表示されたプリンタの[設定]を
クリックする。

7 メーカーや機種が表示されな
い場合は手動で設定する。

8 [追加]をクリックする。

9 プリンタが登録されて利用可能
になる。

登録したプリンタの設定・削除

　登録されたプリンタ右端のボタンをクリックするとメニューが開きます。[編集]を選択すると設定を変更できて、[削除]を選択すると削除できます。

USB接続してプリンタを使う

　プリンタをUSBケーブルで接続すると、自動的に認識されて利用可能になります。

登録されたプリンタを選択して印刷する

　アプリケーションで印刷を実行し、印刷の設定画面の[送信先]でプリンタを選択できます。一覧に表示されない場合は、[もっと見る]を選択してください。

Googleクラウドプリントは終了

　Googleアカウントと紐付いたプリンタで印刷できる「Googleクラウドプリント」は、2020年12月31日に終了しました。

サテライトオフィス・スキャナー取込機能 for クラウド

　サテライトオフィスでは、スキャナ、スマートフォンから名刺、領収書、紙ドキュメントを取り込むことで、サテライトオフィスのアドオンやGoogleドライブなどのクラウドストレージにデータとして保存するサービスを提供しています。2022年1月から施行された改正後の電子帳簿保存法への対応などに活用できます。

https://www.sateraito.jp/Scanner_capture/index.html

4-4 外部ディスプレイに接続する

Chromebookは、外部ディスプレイに接続して利用できます。表示方法としては、同じ画面を表示するミラーリングと、2つのディスプレイを仮想的に並べる拡張表示を選択できます。もちろん、表示サイズや解像度も設定できます。

① 外部ディスプレイを接続したら、設定画面を表示する（「2-8 設定画面を表示する」参照）。

② [デバイス]をクリックする。

③ [ディスプレイ]をクリックする。

④ [配置]では、内蔵ディスプレイと外部ディスプレイの配置を変更できる。配置はドラッグして変更する。

⑤ [内蔵ディスプレイをミラーリング]をチェックすると、内蔵ディスプレイと同じ画面を外部ディスプレイに表示する。チェックしないと拡張表示になる。なお、[内蔵ディスプレイをミラーリング]の設定で、表示される項目が変化するので注意する。

⑥ [内蔵ディスプレイ]タブでは内蔵ディスプレイのサイズや向きを設定する。

❼ 外部ディスプレイのタブでは、外部ディスプレイのサイズや解像度、向きを設定する。

拡張ディスプレイとメインディスプレイ

　［内蔵ディスプレイをミラーリング］をチェックしない場合は、［画面］で「拡張ディスプレイ」と「メインディスプレイ」を選択できます。「メインディスプレイ」は、起動したアプリが最初に表示されるディスプレイのことです。片方を「メインディスプレイ」にすると、もう片方のディスプレイは自動的に「拡張ディスプレイ」になります。なお、「メインディスプレイ」と「拡張ディスプレイ」では、シェルフの位置を別々にすることができます。

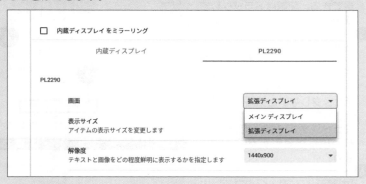

USB TYPE-C と HDMI の変換ケーブル

　ディスプレイとHDMIで接続する場合、Chromebook がHDMIポートを搭載しているならHDMIケーブルで直接接続できますが、USB TYPE-Cしか用意されていない場合は、USB TYPE-CとHDMIの変換アダプターなどが必要となります。

USB TYPE-C と HDMI の変換アダプターの例。

4-5 Bluetoothデバイスを管理する

Bluetoothデバイスは、いったんペアリングすると自動的に接続されるようになります（「2-12　Bluetoothの設定」を参照）。ただし、別のパソコンに接続する場合や、買い換えなどで接続する必要がなくなった場合などは、リストから削除することで自動的に接続することを防止できます。ここでは、削除する方法を説明します。

1 設定画面を表示する（「2-8　設定画面を表示する」参照）。

2 [Bluetooth]をクリックする。

3 [Bluetooth]をクリックする。

4 過去にペアリングしたBluetoothデバイスが一覧表示される。

5 削除するBluetoothデバイスの右端にある[その他の操作]をクリックする。

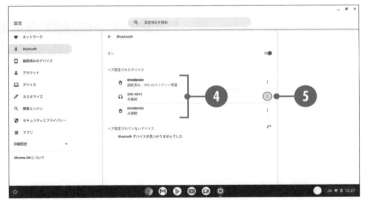

6

[リストから削除]を選択する。

7

Bluetoothデバイスがリストから削除される。

第4章 Chromebookの主な設定変更とカスタマイズ

4-6 閲覧履歴のデータやCookie、キャッシュを削除する

Webサイトの閲覧履歴、ユーザーの情報を記録しているCookie、一度見たページのキャッシュなどの情報は、個人のプライバシー情報です。これらの情報の漏洩を防いだり、他のユーザーやサイト運営者に利用されるのを防いだりするために、情報を削除することができます。

❶
Google Chrome を起動したら、右上の[Google Chromeの設定]をクリックしてメニューを表示する。

❷
[その他のツール]の[閲覧履歴を消去]を選択する。

❸
[基本設定]タブか[詳細設定]タブを選択する。ここでは、[基本設定]タブを選択する。

❹
[期間]で削除する期間を選択する。

❺
削除する情報の種類を指定する。

❻
[データを削除]をクリックする。これで、指定した情報が削除される。

[詳細設定] タブを利用する

　[詳細設定] タブでは、情報をより細かく指定して削除することができます。

4-7 USBメモリ/ハードディスクを利用する

Chromebookでは、USBメモリや外付けのUSBハードディスクを接続して利用できます。接続すると自動的に認識されて、使える状態になります。なお、デバイスを外す場合は、安全な取り外し処理を行ったあとデバイスを抜いてください。

①
USBメモリ/ハードディスクを
USBポートに接続すると、自動
的に認識されてメッセージが表
示される。[ファイルのアプリを
開く]をクリックする。

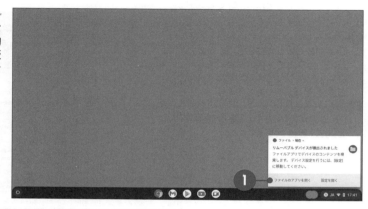

②
ファイルアプリが起動して、
USBメモリ/ハードディスク内
のファイルが一覧表示される。

③
USBメモリ/ハードディスクを
取り外すときは、デバイス右側
の三角形のボタンをクリックす
る。

❹
安全な取り外し処理が実行されて、ファイルアプリからUSBメモリ/ハードディスクが消える。このあと、USBメモリ/ハードディスクをポートから抜く。

デバイスの取り出しとフォーマット

ファイルアプリでUSBメモリ/ハードディスクの右端のアイコンを右クリックすると、メニューが表示されます。このメニューから取り外し処理やフォーマットを行うこともできます。

4-8 複数のデバイスで同期する内容をカスタマイズする

同じGoogleアカウントで複数台のChromebookを利用している場合、各Chromebook
で同期する内容をカスタマイズできます。たとえば、壁紙を同期させる場合、Aという
Chromebookで壁紙を設定したら、BというChromebookでも自動的に同じ壁紙になり
ます。逆に壁紙を同期させなければ、それぞれ別々の壁紙になります。なお、初期設定
ではすべての項目が同期する設定となっています。

❶
設定画面を表示する(「2-8　設
定画面を表示する」参照)。

❷
[アカウント]を選択する。

❸
[同期とGoogleサービス]をク
リックする。

❹
[同期]の[同期する内容の管理]
をクリックする。

❺
[同期をカスタマイズする]を選
択する。

❻
[同期データ]で同期する項目は
オン、しない項目はオフにする。

4-9　Chromeの設定をデフォルトに戻す

インストールしたアプリや拡張機能によってWebブラウザのChromeの機能・設定が変更された場合は、それらをリセットして初期状態に戻すことができます。なお、リセットしてもブックマークや履歴、保存したパスワードなどは残ります。

❶
Chromeを起動し、右上の[Google Chromeの設定]をクリックしてメニューを開く。

❷
[設定]を選択する。

❸
設定画面が表示されたら[詳細設定]をクリックする。

4

[設定のリセット]をクリックする。

5

[設定を元の既定値に戻す]をクリックする。

6

[設定のリセット]をクリックする。これでChromeの設定が初期設定に戻る

リセットされる項目

本文の方法でリセットすると、Chromeの次の項目が初期状態に戻ります。

- 既定の検索エンジン
- ホームページとタブ
- 新しいタブページ
- コンテンツの設定
- Cookieとサイトデータ
- 拡張機能とテーマ

Chromebookを出荷時の状態に戻す（Powerwashの実行）

Chrome OSには、すべてのアカウントを削除し、デバイスを出荷時の状態に戻す機能（Powerwash）が用意されています。Chromebookの設定画面の詳細設定で［設定のリセット］を選択すると、［Powerwash］が表示されます。なお、企業で管理されているChromebookでは、この機能が使えない場合があります。使えない場合は、メニューに［Powerwash］は表示されません。

Chapter 5

主要なアプリと拡張機能

　この章では、Chromebookに標準で用意されているアプリ、便利なおすすめアプリ、拡張機能、Androidアプリを紹介します。機種や環境によって標準で利用できるアプリや拡張機能には違いがありますので、ご自分の環境にないアプリ・拡張機能は、ウェブストアで検索してください。なお、Androidアプリは、環境によっては利用できない場合があります。

　※ Googleは、Chromebookで動作するアプリ（Chromeアプリ）については、2025年1月までサポートすると発表しています。なお、Windows/Mac/Linux上で動作するChromeアプリは、すべてサポートを終了しています。

Googleが開発したWebブラウザです。Webサイトを閲覧するには、Google Chrome を起動します。なお、Webブラウザとしての使い方は、Windows版やMac版のGoogle Chromeは同じです。

Google Chrome は タ ブ 形式のWebブラウザ。複数のWebページを異なるタブに同時に表示することができる。

メニューは右上の[Google Chromeの設定]をクリックすると表示される。

表示履歴の残らないシークレットモードも用意されている。

5-2 ファイル

Chromebook用のファイル管理アプリです。「マイファイル」ではローカルのディスク
に保存されているファイルを管理でき、「Google ドライブ」ではクラウドストレージで
あるGoogle ドライブのファイルを管理できます。

「マイファイル」では、
ローカルのファイルを管
理できる。

「Google ドライブ」では、
Google ドライブ上のファ
イルを管理できる。

メニューを使ってファイ
ル・フォルダの選択や新
しいフォルダの作成など
ができる。

Gmail

Google Workspaceのアカウントで利用するGoogleのメールアプリです。強力な迷惑メールフィルタ機能を持ち、送受信したメールはGoogleの検索機能で検索できます。送信予約機能や情報保護モードなどのセキュリティ機能も充実しています。

GmailはGoogleのサービスを代表するメールアプリ。

Gmailのメール作成画面。送信予約機能や情報保護モードなどの機能も用意されている。

Gmailの設定画面。企業で利用するGmailと個人用Gmailでは、設定できる内容に一部違いがある。

ドキュメント

文書作成アプリの「Googleドキュメント」です。マイクロソフトのWordなどのワープロに相当するアプリで、企業で使用する各種文書を作成できます。「会議メモ」や「ニュースレター」などのテンプレート（ひな形）をベースに文書を作ることもできます。また、Wordファイルを読み込んで表示・編集することもできます。なお、作成した文書は、自動的にGoogleドライブに保存されます。

起動直後の「Googleドキュメント」。ビジネス用の各種テンプレートが用意されている。

白紙から文書を作成している状態。作成した文書はPDFやWordなどの形式に変換できる。また、他のユーザーと共有して同時に編集することも可能。

テンプレートをベースに文書を作ることもできる。

スプレッドシート

表計算アプリの「Google スプレッドシート」です。マイクロソフトのExcelなどの表計算ソフトに相当します。フィルタや集計機能、グラフ、関数、マクロなどの機能を備え、他のユーザーとシートを共有して同時に編集することもできます。Excel ファイルを読み込んで編集することも可能です。作成したシートは自動的にGoogleドライブに保存されます。

起動直後の「Google スプレッドシート」。ビジネス用の各種テンプレートが用意されている。

フィルタやグラフ作成機能、関数、マクロなどの機能が用意されている。

テンプレートをベースに新しいシートを作ることもできる。

スライド

「Google スライド」はマイクロソフトのPowerPointに相当するアプリです。プレゼン用の資料を作成したり、作成した資料を使ってプレゼンを実行したりする機能が用意されています。PowerPointのファイルを読み込んで編集することも可能です。作成した資料は、自動的にGoogle ドライブに保存されます。

起動直後の「Google スライド」。さまざまなプレゼン用のテンプレートが用意されている。

テンプレートをもとに、文字や画像、図形を追加・編集して資料を作成できる。

作成した資料でプレゼンを実行することもできる。

5-7 Google ドライブ

クラウド上でファイルを保存・管理するアプリです。Chromebookでは、すべてのファイルは基本的にGoogleドライブに保存されます（一部のファイルはローカルに保存）。フォルダやファイルを管理する機能の他に、GoogleドキュメントやGoogleスプレッドシートのファイルを新規作成したり、ファイルを共有したりする機能も用意されています。

Googleドライブ。クラウド上でファイルを保存・管理する。

GoogleドキュメントやGoogleスプレッドシートの新規ファイルを作成することもできる。

フォルダやファイルを右クリックすると、名前変更や共有などを設定するメニューが表示される。

5-8 YouTube

動画サイトのYouTubeを表示します。お気に入りのチャンネルを登録したり、動画の
アップロードやライブ配信をしたりすることも可能です。

動画サイトのYouTube
を表示。

左側のメニューで登録し
たチャンネルの動画やお
気に入りに登録した動画
を見ることができる。

動画のアップロードやラ
イブ配信もできる。

Chromebookに搭載されているカメラを使って静止画や動画を撮影するアプリです。格子状のグリッドを表示したり、タイマー撮影したりする機能も用意されています。また、[スキャン]で文書をスキャンして画像やPDFとして保存することもできます。

カメラアプリ。動画や写真を撮影できる。ウィンドウ右側のボタンで撮影する。

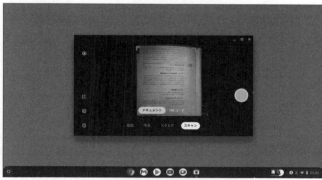

[スキャン]で文書をスキャンして画像/PDFとして保存できる。

左上の[設定]をクリックすると表示されるメニュー。グリッドやタイマーを設定できる。

5-10 Chrome描画キャンバス

Googleのペイントツールです。タッチ対応のChromebookであれば、指やペンで描画することもできます。ブラシには「鉛筆」「ペン」「マーカー」「チョーク」が用意され、色やサイズを変更することもできます。また、白紙の状態から作成することも、読み込んだ画像をもとに新しい画像を作成することもできます。

Chrome描画キャンバス。「鉛筆」「ペン」「マーカー」「チョーク」のブラシで描画できる。

画像を読み込んで新しい画像を作成することもできる。

左上の［ギャラリーに戻る］をクリックすると、作成した画像を一覧表示できる。ここで新規画像を作成したり、作成した画像を管理したりできる。

Chromebook（Chrome OS）の各種設定を行うアプリです。起動直後は、基本的な設定項目だけが表示されます。すべての項目を表示するには、[詳細設定] をクリックします。なお、ウィンドウが小さいときはメニューが表示されません。左上の［メインメニュー］をクリックするとメインメニューが表示され、項目を素早く切り替えることができます。なお、企業で使う場合は、管理者の設定によってユーザーが設定できない項目もあります。

設定アプリ。起動直後は、基本的な設定項目だけが表示される。すべての項目を表示するには、[詳細設定] をクリックする。

詳細設定も表示した状態。なお、ウィンドウ上の検索ボックスで設定項目を検索することも可能。

ウィンドウが小さいときはメニューが表示されない。[メインメニュー]をクリックするとメインメニューが表示される。

Chromebookの基本操作から応用までを解説したヘルプです。左側のメニューでカテゴリー別に調べることができます。[検索]でヘルプの情報をキーワード検索することもできます。

ヘルプアプリ。左側のメニューでカテゴリーごとに情報を調べられる。

「ヘルプ」を選択すると項目が表示される。

[検索]でヘルプ情報をキーワード検索することもできる。

四則演算ができる電卓です。ウィンドウを最大化するとすべてのボタンが表示され、三角関数などの高度な計算もできます。ウィンドウ表示のときも、数字ボタン右側にある緑のエリアをクリックすれば、三角関数などのボタンを表示できます。

四則演算ができる電卓。

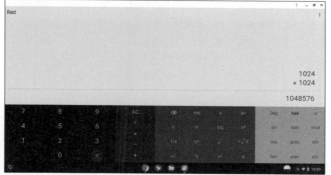

フルスクリーン表示にすると、三角関数などのすべてのボタンが表示される。

ウィンドウ表示のときも、三角関数などのボタンを表示できる。

5-14 ウェブストア

　Chromeの拡張機能やテーマ、アプリなどを検索してインストールできます。［ストア
を検索］と表示された検索ボックスにキーワードを入力すれば、キーワードに関連する
拡張機能やテーマ、アプリを検索できます。また、左上の［拡張機能］［テーマ］などを
クリックして種類を絞り込むこともできます。

ウェブストア。Chrome
の拡張機能やテーマ、ア
プリを検索してインス
トールできる。

キーワードで検索する
と、関連する拡張機能や
テーマ、アプリが検索さ
れる。

検索結果をクリックする
と、詳細なページが表示
される。［Chromeに追
加］をクリックするとイ
ンストールできる。

Playストア

「Playストア」はAndroid用のアプリをインストールできる「Google Play ストア」の
ことです。なお、企業向けのGoogle WorkspaceのアカウントでChromebook利用する
場合は、Androidアプリの利用が制限されていることがあります。

Google Play ストア。
Android用アプリを検索
し、インストールできる。

キーワードでAndroidア
プリを検索できる。

メニューで支払い方法な
どを設定できる。

Googleフォーム

Googleフォームは、フォームやアンケートを作成できるGoogleのツールです。テンプレートをもとにアンケート用のWebページを作成し、ユーザーに回答してもらうことができます。集計機能も用意されているので、アンケートの結果を表やグラフで確認することもできます。

Googleフォーム。フォームやアンケートを簡単に作成できる。

テーマを利用すると、アンケートのデザインをカスタマイズできる。オリジナルデザインのアンケートを簡単に作成できる。

アンケートの結果は、表やグラフで確認することができる。

Googleクラスルーム

　　学校の先生用のアプリです。クラスの運営や予定管理、連絡、授業支援など、さまざまな機能が用意されています。生徒を登録することで、Googleクラスルーム上で課題を提出させたり、コミュニケーションをとったりできます。

Googleクラスルーム、学校の先生を支援するさまざまな機能が用意されている。

「授業」では、課題や質問、資料などを作って投稿できる。先生が出した課題を見て生徒が提出物を出したり、先生からの質問に生徒が回答したりできる。

「メンバー」では生徒を登録する。

5-18 Jamboard（Androidアプリ）

　ホワイトボード製品のJamboard（ジャムボード）用アプリです。Web版、Android版などがありますが、最も高機能なのはAndroid版アプリです。Android版のJamboardであれば、ホワイトボードのJamboardとほぼ同じ機能を、同じ操作で利用できます。したがって、Jamboardを利用する場合は、Android版Jamboardをインストールしておくことをおすすめします。

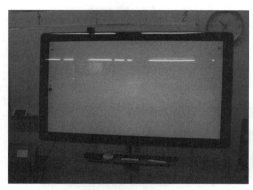

ホワイトボード製品の
Jamboard。専用のペンで
書いた内容はGoogleド
ライブに自動的に保存さ
れ、Jamboardのアプリ
とも共有できる。

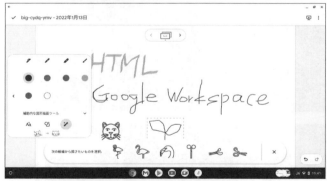

Android版Jamboard。ホ
ワイトボードのJamboard
とほぼ同じ機能を利用で
きる。

付箋や画像、ステッカー
などを貼り付ける機能も
用意されている。

5-19 Google Meet（Androidアプリ）

Googleのビデオ会議サービスであるGoogle Meet用のアプリです。お互いの顔を見ながらの会議、ファイルの共有やチャットなどもできます。

起動後の画面。新しい会議を作成したり、他のユーザーが作った会議に参加したりできる。

Google Meet で会議中。チャットや資料の共有もできる。

さまざまな背景を選択することもできる。

5-20 Zoom for Chrome（Androidアプリ）

ビデオ会議システムで有名なZoom（ズーム）のAndroidアプリです。Zoomのアカウントを作成すれば、会議を作成して他のユーザーを招待できます。また、他のユーザーの会議に参加したり、会議のスケジュールを設定したりする機能も用意されています。

相手の顔を見ながらテレビ会議ができる。

レイアウトも変更できる。チャットや画面の共有なども簡単に実行できる。

Chromebook で Microsoft Office を利用する際の注意点

　マイクロソフトは、OfficeのAndroidアプリについて、Chromebookでのサポートはしていません（2021年9月18日以降）。代わりに、WebベースのOfficeアプリケーションを推奨しています。このため、最新のChromebookでは、PlayストアにWordやExcelのアプリが表示されなくなっています。なお、原稿執筆時点では、TeamsやOneDriveなどのアプリは表示され、利用することができます。

Google Meetハードウェア
による会議改革

　Google Meetハードウェアは、Googleが開発したテレビ会議システムです。Google Workspaceに用意されている「Google Meet」を活用しつつ、オフィスなどの会議室でオフライン/オンラインを混在させた会議を高品質な映像で行うことができます。

　なお、Google Meetハードウェアはさまざまなメーカーが開発・提供しています。ここでは、レノボが開発した「Google Meet Series One Room Kits from Lenovo」を使って、その基本的な機能と使い方を説明します。

6-1 Google Meetハードウェアとは

テレビ会議システムには、さまざまな製品があります。一対一であれば、Skypeのようなパソコン用のソフトも利用できますが、会議室の映像を映し出し、他の拠点と結んで大勢で会議をする場合は、専用のテレビ会議システムが必要になります。

Google Meetハードウェアは、この専用のテレビ会議システムです。ただし、一般のテレビ会議システムが数百万円と高価なのに対して、Google Meetハードウェアは30〜50万円と圧倒的な低価格で利用できます。

利用方法も簡単です。Google Workspaceを利用しているなら、標準で用意されているビデオ会議ツール「Google Meet」をそのまま利用できるので、新しいツールの使い方を覚える必要もありません。

Google Meetハードウェアは、基本的には以下の4つのハードウェアから構成されています。

- ●ミートコンピュータシステム（Chromebox）
- ●タッチコントローラ
- ●カメラ
- ●マイク/スピーカー

┌─┐ Google Meet Series One Room Kits from Lenovoを構成するハードウェア

なお、会議の様子や会議参加者の映像を表示するディスプレイは含まれていないため、HDMI端子が用意されたディスプレイやプロジェクターが必要になります。

すでにGoogle Workspaceを利用しているなら、Google Meetで社員の個人間のテレビ会議は実現できているはずです。これを会議室での会議にまで拡張するのがGoogle Meetハードウェアだと考えればよいでしょう。

Google Meet ハードウェアを利用した会議の様子。離れた拠点にいる複数のメンバーでテレビ会議を実現できる。

特定のユーザーのデスクトップやウィンドウを共有して表示することも可能。

Google Meet ハードウェアの価格

　Google Meet Series One Room Kits from Lenovoは、会議室の広さによって大中小の3つの製品に分かれています。価格は小会議室用が358,000円、中会議室用が438,000円、大会議室用が598,000円となっています。

6-2 　Google Meetハードウェアの製品構成

　ここでは、レノボのGoogle Meetハードウェアを構成しているハードウェアについて説明します。なお、テレビ会議で利用するには、これらのハードウェアにHDMI端子の付いたディスプレイが必要になります（製品構成は変更される可能性があります）。各ハードウェアを接続し、電源を投入すれば、すぐに利用可能になります。

・ミートコンピュータシステム（Chromebox）

　Chrome OSを搭載したコンピュータ本体です。インテルのCore i7プロセッサ、メモリ4GB、ストレージ128GBを搭載しています。主要インターフェイスは、HDMI出力×2、HDMI入力×1、Ethernet用のRJ45×5（内ネットワーク接続用×1）、USB Typs-A×3、USB Type-C×1です。なお、Ethernetケーブルを経由してマイクやスピーカーと接続し、データ通信と同時に電力を供給するPower Over Ethernetを採用しています。

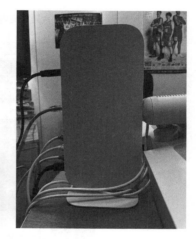

・カメラ

　高解像度イメージセンサー内蔵の4K対応スマートカメラです。会議室の広さに合わせて2種類が用意されています。AI機能により自動的にパン・チルト・ズームを行って参加者全員をフレーム内に収めたり、アクティブな参加者を自動的に検出してズームしたりする機能が用意されています。また、全指向性のマイクも内蔵されています。

・ タッチコントローラ

会議の作成や会議への参加、画面レイアウトの変更など、会議全体をコントロールする機能を持ちます。タッチで操作できます。

・ オーディオバー（スピーカー / マイク）

GoogleのAI用チップであるGoogle Edge TPUを内蔵し、TrueVoice という音と音声を識別するオーディオ分離テクノロジーを実装しています。これにより、会議室内の雑音を除去し、人の声だけを増幅してクリアな会話を実現します。指向性を持つマイクも内蔵しています。

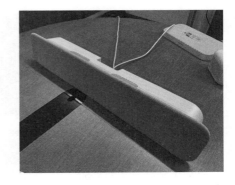

・ マイクポッド

広い会議室などに配置して集音するデバイスです。Ethernet（RJ45）のデイジーチェーンで4台まで接続できます。ボタンを押すことでマイクのオン/オフを切り替えられます。

6-3 | Google Meetハードウェアで会議を作成する

ここでは、Google Meetハードウェアのタッチコントローラで新しい会議室を作成し、そこにユーザーを招待する手順を説明します。

会議の作成とユーザーの招待

❶ タッチコントローラの[ミーティングに参加または開始]をタップする。

❷ タッチキーボードが表示されるので、会議名を入力する。ここでは「meet1」と入力する。

❸ [参加]をタップする。

❹ [ユーザーを追加]をタップする。

⑤

追加したいユーザーのメールア
ドレスを入力する。

⑥

[メールを送信]をタップする。

⑦

招待状が相手に送信されて、待
機状態になる。

メールで招待されたユーザー側の操作

❶

届いた招待状のメールを開き、
[通話に参加]をクリックする。

2

Google Meetが起動して、自分の映像が表示される。なお、カメラとマイクの使用許可を求められた場合は許可する。

3

[今すぐ参加]をクリックする。

4

会議に参加できる。

第6章 Google Meetハードウェアによる会議改革

Google Meetハードウェアの設定

Google Meetハードウェアのタッチコントローラでは、次のような設定ができます。

🔲 カメラを調整：カメラの位置および参加者を自動的に追尾する「追尾フレーミング」などの機能のオン/オフを設定します。

🔲 レイアウトを変更：会議画面のレイアウトを変更します。

🔲 チャット：チャットの表示方法を変更します。

🔲 動画共有を開始：HDMI入力で接続したパソコンなどの画面を会議に参加している全員と共有します。

🔲 ユーザーを追加：会議に参加するメンバーを指定します。

🔲 タッチコントローラ画面の歯車アイコンをタップすると、音声や動画、ディスプレイなどの設定を変更できます。

Googleカレンダーから会議を予約する

　Googleカレンダーでは、予定に
Google Meetの会議を登録できます。
日付をクリックして表示された画面で
[Google Meetのビデオ会議を追加]
をクリックします。

[Google Meet の ビ デ
オ会議を追加] をク
リックする。

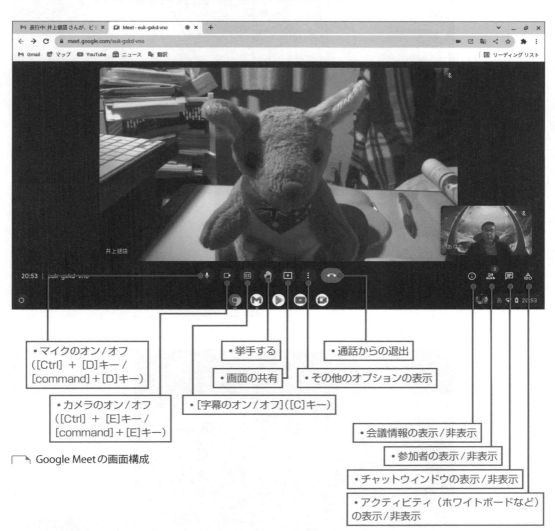

6-4 Google Meetの機能・使い方

Google Meetハードウェアで開催される会議には、ユーザーはGoogle Workspaceのサービスである Google Meetを利用して参加し、コミュニケーションを行います。したがって、参加者はGoogle Meetの使い方を覚えておく必要があります。ここでは、Google Meetの画面構成と基本的な使い方を説明します。

・マイクのオン/オフ
（[Ctrl] + [D]キー /
[command] + [D]キー）

・カメラのオン/オフ
（[Ctrl] + [E]キー /
[command] + [E]キー）

・[字幕のオン/オフ]（[C]キー）

・挙手する

・画面の共有

・通話からの退出

・その他のオプションの表示

・会議情報の表示/非表示

・参加者の表示/非表示

・チャットウィンドウの表示/非表示

・アクティビティ（ホワイトボードなど）
の表示/非表示

Google Meetの画面構成

・ビデオ会議/音声通話

　Google Meetを使うと、複数の相手と同時にビデオ会議ができます。カメラをオフにすれば、音声だけで会話することも可能です。

◤◢ 複数の相手と同時に映像を表示してコミュニケーションできる。

・チャット

　会議に参加している相手とは、文字によるコミュニケーション（チャット）もできます。

◤◢ 右側のウィンドウでチャットできる。

・デスクトップ/ウィンドウ/タブの共有

　会議中に自分のデスクトップやウィンドウ、Chromeのタブを共有することができます。[画面を共有]ボタンをクリックし、[あなたの全画面]を指定するとデスクトップ全体、[ウィンドウ]を指定すると特定のウィンドウ、[タブ]を指定するとタブを共有できます。

⌐┑ メニューで共有する対象を選択する。

⌐┑ [タブ]を選択した場合は、Chromeで開いているタブから共有するタブを指定できる。

└─ タブを共有した例。

メガネ型
ウェアラブルデバイス
Google Glass の概要

Google Glass はメガネ型のウェアラブルデバイスです。一般の個人ユーザー向けには販売されていませんが、企業向けとして注目されているデバイスです。ここでは、Google Glass の概要と活用について紹介します。

7-1 | Google Glass とは？

Google Glassは2012年に発表されたメガネ型のウェアラブルデバイスです。当時は、スマートフォンの次にくる次世代デバイスとして注目されましたが、ハードウェアパワーの不足、操作性の問題、プライバシーの問題などから日本では発売されることはなく、2015年1月には一般販売が中止されてしまいました。

その後、しばらくは話題になりませんでしたが、2021年8月から再び法人向けに提供されるようになりました。現在、日本では、NTTドコモと電算システムが「Glass Enterprise Edition 2」を販売しています。ただし、あくまで法人向けであり、個人には販売されていません。その用途も、製造業や営業支援、コミュニケーション向上など、企業ユースがメインとなっています。

Google Glassは、800万画素の小型カメラ、640×360ピクセルの小型ディスプレイを備え、右側の視野の一部に映像を映し出すことができます。OSにAndroidを搭載し、Androidアプリを動作させることが可能です。メガネのフレーム右側面がタッチパッドになっていて、ここを指でタッチ操作することによってアプリケーションを操作します。

また、通信機能としてはWi-Fi、Bluetoothに対応し、撮影した画像や録画した映像をGoogleドライブに保存することもできます。

「Glass Enterprise Edition 2」のスペックは次のとおりです。

本体	サイズ［高さ×幅×厚さ／mm］（フレームなし）	212 mm x 57 mm x 29 mm 182 mm x 55 mm x 29 mm（折りたたみ時）
	重量［g］（フレームなし）	46g
	OS	Android 8.1（Oreo）
	CPU	Qualcomm Snapdragon XR1
	内蔵メモリ/ストレージ	3GB / 32GB
	操作	マルチタッチパッドジェスチャ
	防水／防塵	IP53
ディスプレイ		640x 360ピクセル（Optical Display Module）
カメラ		800万画素（画角：83°FOV）
Wi-Fi		IEEE 802.11a / g / b / n / ac、デュアルバンド
Bluetooth		Bluetooth 5.x AoA
バッテリー		800 mAh（急速充電）
接続端子		USB Type-C（充電：USB PD対応、データ伝送：USB 2.0 480 Mbps対応）
オーディオ		モノラルスピーカー、USBオーディオ、Bluetoothオーディオ
マイク		3ビームフォーミングマイク

表7-1　Glass Enterprise Edition 2の仕様

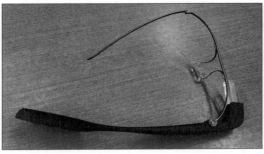

⌐ Googleで提供している「Glass Enterprise Edition 2」。現在は企業向けのデバイスとして販売されている。個人でも購入できるが、あくまで開発者向け。重量は46g（フレームなし）。

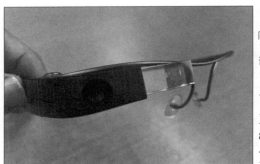

⌐ 右側の透明なプラスチックの内部に640×360ピクセルのディスプレイが埋め込まれている。左側のカメラは8メガピクセルで対角視野は83°。また、モノラルスピーカーとマイクも備える。

⌐ USB Typc-Cのポートを備える。

⌐ 640×360ピクセルのディスプレイ。

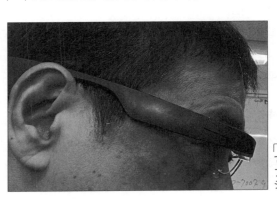

⌐ 装着するとこのような感じになる。右側視野の空間の一部にディスプレイが表示されるイメージになる。視野全体を覆うのではなく、あくまで視野の一部にだけ表示される。

⌐ タッチ操作はフレーム右側面で行う。上下左右のスライド、タップ、ダブルタップなどでアプリケーションを操作できる。

Google Glassでできること

当初は個人向けのデバイスとして注目されたGoogle Glassですが、現在は企業向けの活用が模索されています。活用シーンとしては、次のような可能性が考えられます。もちろん、これは一例です。このほかにも、各業種・業界でさまざまな活用方法が考えられると思います。

建設現場での確認作業

建設現場では、さまざまな確認作業が必要になります。現場担当者がGoogle Glassを装着すれば、カメラを通じて遠隔にいる別の担当者が現場の状況をリアルタイムに確認したり、指示を出したりできます。また、必要に応じて撮影・録画することも可能です。

小売店舗でのコミュニケーション

多店舗展開しているような小売企業では、各店舗と本部をつなぎ、Google Glassを使って店舗の様子を確認しながらコミュニケーションをとることができます。棚に並んだ商品の様子や店舗の内装、あるいは店舗の周辺地域の様子を確認することができます。

修理・点検の支援、若手育成

機械などの修理・点検では、経験の少ない若手の担当者をGoogle Glassで支援することがてきます。たとえば、機械のマニュアル等を現場でリアルタイムに表示したり、ベテラン社員が本社からリアルタイムに映像を確認しながら指示を出すといった使い方が考えられます。

食品工場での衛生管理

工場のオペレーションでもGoogle Glassはさまざまな使い方ができます。たとえば、厳格な衛生管理が求められる食品工場では、衛生管理の担当者がGoogle Glassを装着して作業することで、定められた手順が守られていることを確認したり、工場の様子をリアルタイムにモニターすることが可能です。

物流センターでの効率的なピッキング

大規模な倉庫におけるピッキング作業では、商品の搬入・搬出でGoogle Glassが活用できます。Google Glassであれば両手を自由に使えるので、バーコード等で商品を認識しつつ、さまざまな作業を行うことができます。また、本部から搬入・搬出の指示を出

すことで、作業を効率化することも可能です。

Column **サテライトオフィスの Google Glass 用アプリの開発**

サテライトオフィスでは、Google Glass用のさまざまなアプリケーションを開発しています。日時や天気、Googleカレンダーの予定などを表示する基本的なアプリから、テレビ会議で接客販売を支援したり、チャットと連携するアプリケーションも開発中です。

また、Google Glassの可能性を検証する実証実験にも積極的です。Google Glassは各業界に特化したアプリケーションを開発することで、大きい成果を得られる可能性があります。独自のアプリケーションを開発することで、作業環境を劇的に改善・効率化することができるでしょう。

Google Glassに関心のある企業は、ぜひサテライトオフィスにお問い合わせください。

🕐 現在の日時

2022年03月14日（月）

18:32:03

● ● ● ●

現在日時の表示

☁ 東京都 （週間天気予報）

14（月）	15（火）	16（水）	17（木）	18（金）	19（土）	20（日）
☀/☁	☀/☁	☁/☂	☁/☂	☁	☁	☀/☁
-/-	-/-	7/20	6/20	10/19	11/20	9/17
-	-	10	20	40	40	30

※場所を切り替える場合は画面をタップしてください。

● ● ● ●

天気情報の表示

📅 本日の予定 （2022-03-14）

月

会議
18:45−19:45

ミーティング
18:00−18:45

打ち合わせ
17:30−18:00

● ● ● ● ●

Googleカレンダーに登録されている予定の表示

カメラの映像を表示して遠隔から確認できるアプリ。現場での画像・動画撮影も可能。

Chapter 8

無料版OSである Chrome OS Flex/ CloudReadyの活用

　本章では、Chrome OSの無料版OSである「Chrome OS Flex」について、インストール方法を説明します。また、Chrome OS FlexのベースとなったCloudReadyについても解説しています。

　なお、本章の原稿執筆時点でChrome OS Flexは開発途中であり、動作も安定していません。逆にCloudReadyは動作が安定しています。また、Googleは将来的にはCloudReadyをChrome OS Flexに統合すると発表しています。具体的には、CloudReadyをインストールしても、自動的にChrome OS Flexにアップデートされる予定です。

　そこで本章では、Chrome OS Flexのインストール方法を解説したあと、CloudReadyの情報も掲載しました。Chrome OS Flexに統合されたあと、CloudReadyがどうなるのか現時点では不明ですが、Chrome OS FlexのベースとなったOSだけに、CloudReadyの情報も何らかの役に立つと思います。

Chrome OS Flex、CloudReady とは？

2022年2月15日、Googleは無料のOS「Chrome OS Flex」を発表しました。これは、Chromebookに搭載されているChrome OSの無料版であり、古いWindows PCやMacにインストールすれば、そのマシンをほぼChromebookとして活用することができます。要求されるマシンスペックは次の通りです。

- Intel または AMD の x64 アーキテクチャ
- 4GB のメモリ
- 16GB のストレージ

ただし、2010年より前のハードウェアでは快適に動作しない可能性があるとされています。

一方、GoogleはChrome OS Flex以前に「CloudReady（クラウドレディ）」というOSを提供していました。これも、Windows PCやMacにインストールすることで、そのマシンをほぼChromebookとして活用することができるOSです。

では、Chrome OS FlexとCloudReadyの関係は？ 誰もが疑問に思うと思います。そこで、まずはそのあたりを、OSごとに整理しておきたいと思います。

・Chrome OS

Chrome OSはChromebookに搭載されているGoogleが開発したOSです。Chromebookに組み込まれたOSとして提供され、OS単体では提供されていません。Chrome OSが最

Chrome OS：Chromebookに最初から組み込まれているOS。OS単体では提供されていない。

初に登場したのは2009年にまでさかのぼりますが、同年にChrome OSのオープンソース版である「Chromium OS（クロミウムOS）」も公開されています。この結果、Chromium OSをベースとしたオープンソースのOSがいくつか開発されることになりました。

・CloudReady

米国のNaverwareという会社が開発したChromium OSベースのオープンソースのOSです。Chromium OSがベースなので、Chrome OSのクローンOSということになります。実際にWindows PCやMacにインストールすることで、そのマシンをChromebook化できます。

開発したNeverware社は、2020年12月にGoogleに買収されました。その際、Googleは将来的にChrome OSとCloudReadyを統合することを発表しました。

CloudReady：Chrome OSのオープンソース版であるChromium OSをベースに米Naverware社が開発した無料のChrome OSのクローンのOS。Neverware社は2020年12月にGoogleに買収された。

・Chrome OS Flex

GoogleがCloudReadyをベースに開発したオープンソース版のChrome OSです。前述した「Chrome OSとCloudReadyを統合する」という発表の具体的な成果が、Chrome OS Flexということになります。

ただし、原稿執筆時点では、Chrome OS Flexはまだ早期アクセス版で動作は不安定であり、安定した動作を求めるならCloudReadyが推奨されています。

なお、GoogleはChrome OS Flexの安定版を提供した際には、既存のCloudReadyを自動的かつ無料でChrome OS Flexにアップグレードするとしています。

Chrome OS Flex：Google が CloudReadyをベースに開発したオープンソースのChrome OS。Windows PCやMacにインストールしてChromebookとして利用できる。

・Chrome OS、Chrome OS Flex、CloudReadyの違い

　Chrome OS Flex/CloudReadyは、ほぼChrome OSと同様に利用できますが、いくつかの違いもあります。最も大きい違いはPlayストアが利用できないことです。このため、Androidアプリをインストールして利用することはできません。

　Chrome OS FlexとCloudReadyにも違いがあります。たとえば、Chrome OS FlexはWebブラウザがGoogle ChromeでGoogleアシスタントが使えますが、CloudReadyのWebブラウザはChromiumでGoogleアシスタントは使えません。

　このようにいくつかの違いはあるものの、Chrome OS Flex/CloudReadyには、Chrome OSの特徴である高速起動、高いセキュリティといったメリットはそのまま引き継がれています。古いWindows PC/Macでもそこそこ軽快に動くので、古いパソコンをセカンドマシンとして再活用したい人には最適だと思います。

　また、Chrome OS Flex/CloudReadyをインストールしたパソコンは、他のChromebookと同様に一元的に管理することができます。このため、企業などで利用する際も有用です。

8-2 | Chrome OS Flexのインストール方法

　ここでは、Chrome OS Flexを古いWindows PCやMacにインストールする方法を説明します。以下では、次の3つの作業に分けて手順を説明します。

- ●作業1：Chrome OS Flexのインストール用USBメモリを作成する
- ●作業2：Windows/MacマシンをUSBメモリから起動するように設定変更する
- ●作業3：インストール用USBメモリから起動してUSBメモリでChrome OS Flexを試す

　なお、Chrome OS Flexは原稿執筆時点で開発途中のため、手順は変更される可能性があります。

8-2-1 | 作業1：Chrome OS Flexの インストール用USBメモリを作成する

　Chrome OS Flexをインストールするには、最初にインストール用のUSBメモリを作成します。それには、Google Chromeの拡張機能である「Chromebookリカバリユーティリティ」をインストールする必要があります。Chromeウェブストアで「Chromebookリカバリユーティリティ」を検索してインストールしておいてください。

　なお、インストール用USBメモリを作成するパソコンは、Google Chromeが動作すれば何でもかまいません。ここでは、Windowsでの操作を説明します。

❶
Google Chromeを起動したら、Chromeウェブストアで「Chromebookリカバリユーティリティ」をインストールする。

2

8GB以上のUSBメモリをパソコンにセットしたら、Chromeのツールバーからリカバリユーティリティを起動する。

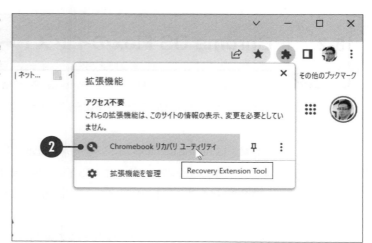

3

[始める]をクリックする。

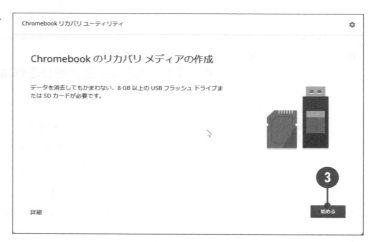

4

[リストからモデルを選択]をクリックする。

5

メーカーと製品を選択する状態
になったら[メーカーを選択]を
クリックする。

6

メーカーの一覧が表示されたら
「Google Chrome OS Flex」を
選択する。

7

製 品 の 欄 で は「Chrome OS
Flex (Developer-Unstable)」
を選択する(原稿執筆時点では
選択できるのは1つだけ)。

8

[続行]をクリックする。

⑨
パソコンに挿したUSBメモリ
を指定する。

⑩
[続行]をクリックする。

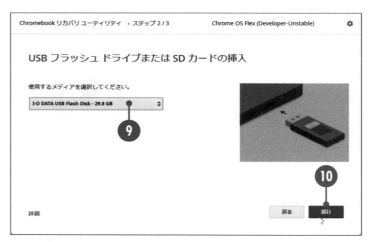

⑪
データが削除されることを確認
するメッセージが表示される。
[今すぐ作成]をクリックする。

⑫
インストール用USBメモリの
作成処理が始まる。処理が終了
するまで待つ。

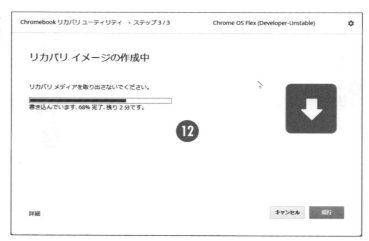

⓭
このメッセージが表示されたら
[完了]をクリックする。これで
インストール用USBメモリの
作成は完了。

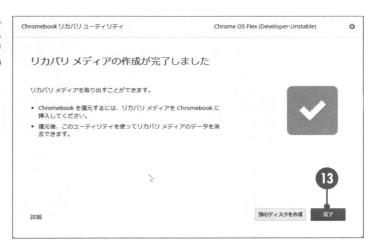

8-2-2 作業2：Windows/MacマシンをUSBメモリから 起動するように設定変更する

　　インストール用USBメモリを作成したら、古いWindows PC/MacをUSBメモリから起動するように設定します。ここでは、その方法を説明します。なお、Windows PCは機種によって方法が異なるので、各パソコンの情報はマニュアルやインターネットで確認してください。

＜Windows：PCをUSBメモリから起動するように設定変更する＞

パナソニックのCF-R8WW1AJR
（販売開始日 2009/06/26）
インテル（R）Core2 Solo プロセッサー
メモリ4GB、ハードディスク160GB
購入時は Windows Vista がインストールされていた。

USBメモリから起動するようにパソコンのBIOS設定を変更する。BIOSの設定画面を表示するには、電源を入れた直後のメーカーのロゴが表示された画面で[F2]キーを押す。なお、BIOS設定画面の表示方法はパソコンによって異なる。このように、メーカーのロゴ画面にキーが表示される場合が多いので確認してほしい。わからない場合は、マニュアルやインターネットで調べよう。

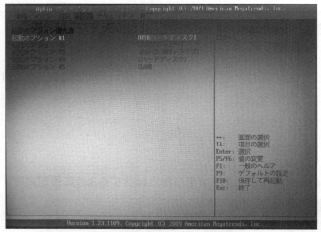

「起動オプション優先度」で「起動オプション #1」を「USBハードディスク」にする。

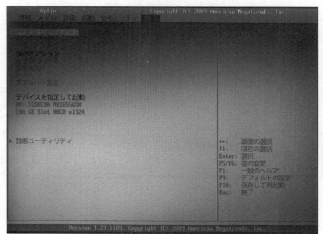

インストール用USBメモリを挿したら、「設定を保存して再起動」を選択する。これで、BIOS設定が変更されてパソコンが再起動し、USBメモリから起動する。

＜Mac：USBメモリから起動する＞

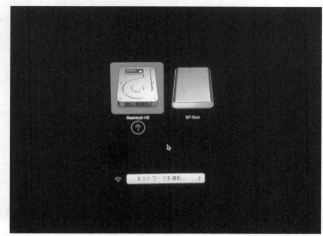

MacにUSBメモリを指したら、[option]キーを押しながら電源ボタンを押して起動する。すると、起動ディスクを選択するメニューが表示されるので[EFI Boot]を選択する。これで、インストール用USBメモリから起動する。

8-2-3 作業3：インストール用USBメモリから起動して USBメモリでChrome OS Flexを試す

　インストール用USBメモリから起動したら、あとは指示にしたがってChrome OS Flexをインストールします。なお、インストール方法には、以下の2つの方法があります。

1. USBメモリ自身にインストールする
2. パソコンにインストールする

　USBメモリ自身にインストールした場合は、パソコン側には影響を与えず、USBメモリだけでChrome OS Flexを試すことができます。パソコンにインストールした場合は、ディスクが上書きされるので、以前の環境は削除されます。ここでは、USBメモリ自身にインストールする手順を説明します。

① インストール用USBメモリから起動するとこのメッセージが表示されるので、[No,continue without ChromeVox] を クリックする。なお、ChromeVox は目の不自由な方向けのスクリーンリーダー。使用する場合は 、 [Y e s , a c t i v a t e ChromeVox]をクリックする。

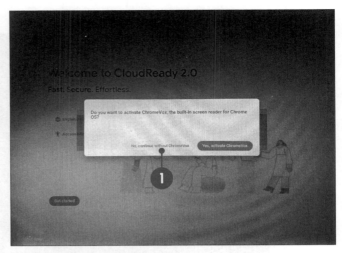

② [English(United States)] を クリックする。

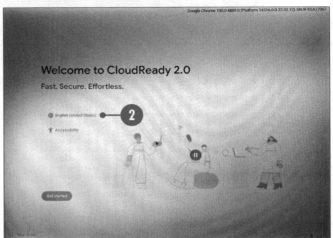

③ 言語とキーボードを選択する画面が表示される。

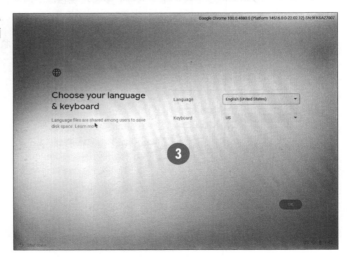

4
[言語]で[日本語]、[キーボード]で[日本語]を選択する。

5
[OK]をクリックする。

6
[始める]をクリックする。

7
[試してみる]を選択する。

8
[次へ]をクリックする。

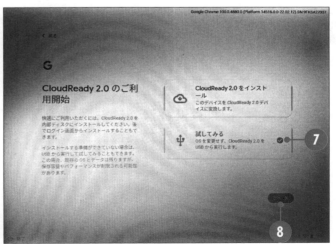

⑨
利用するWi-Fiネットワークを
選択する。

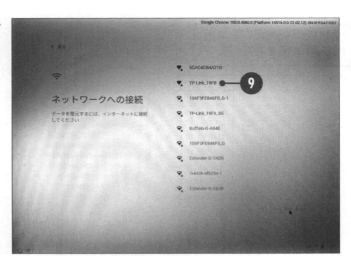

⑩
Wi-Fiネットワークのパスワー
トを入力する。

⑪
[接続]をクリックする。

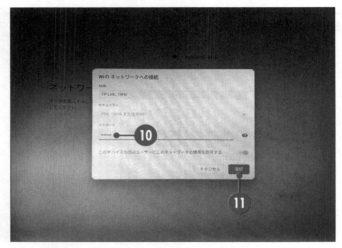

⑫
利用規約が表示されるので[同
意して続行]をクリックする。

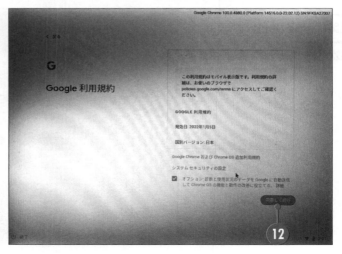

13
[あなた]を選択する。

14
[次へ]をクリックする。

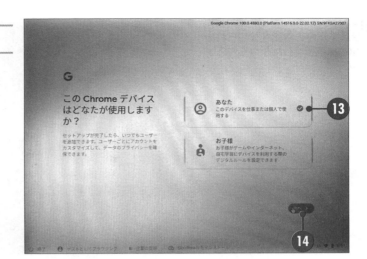

15
Googleアカウントのメールアドレスを入力する。

16
[次へ]をクリックする。

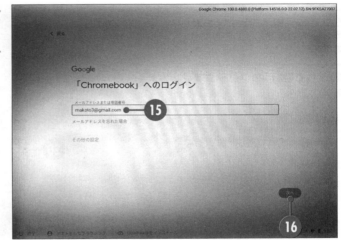

17
Googleアカウントのパスワードを入力する。

18
[次へ]をクリックする。

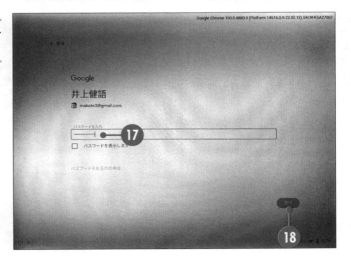

⑲

2段階認証の確認を求められた場合は指示にしたがって対応する。

⑳

[設定後に同期オプションを確認する]を指定する。ここではオフにする。

㉑

[同意して続行]をクリックする。

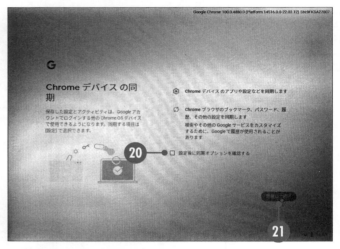

㉒

データ収集に関するメッセージが表示されるので、確認してチェックする。

㉓

[同意して続行]をクリックする。

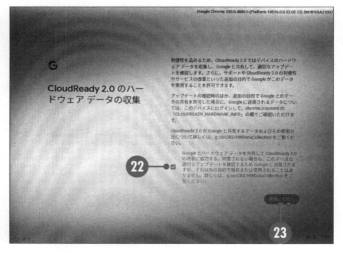

㉔ Googleアシスタントの設定が
表示されたら[同意する]をク
リックする。

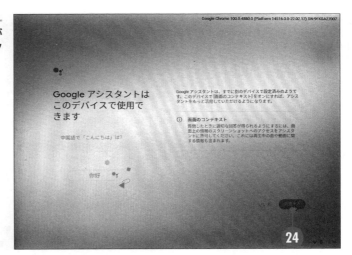

㉕ 確認のメッセージが表示された
ら[同意する]をクリックする。

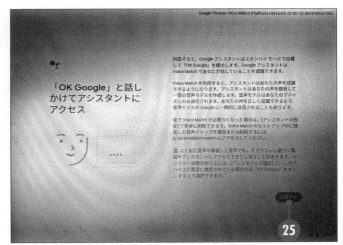

㉖ [始める]をクリックする。

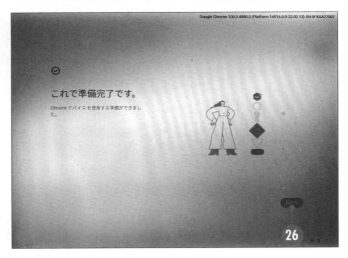

㉗
USBメモリからChrome OS
Flexが起動する。以降は、作成
したUSBメモリから起動する
ことで、Chrome OS Flexを利
用できる。

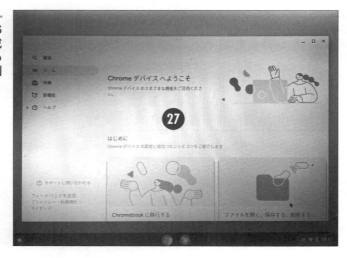

パソコンにインストールする場合

　USBメモリではなくパソコン本体にインストールする場合は、手順7で［CloudReady 2.0をイン
ストール］をクリックします。移行の手順は次のようになります。

❶
［CloudReady 2.0 を イ ン ス
トール]を選択する。

❷
［次へ]をクリックする。

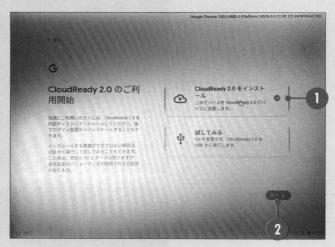

3 [CloudReady 2.0 をインストール]をクリックする。

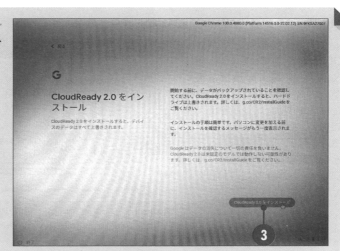

4 パソコンのデータが消去されることが表示される。[インストール]をクリックする。

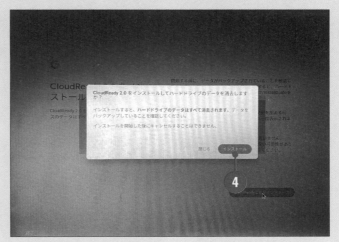

5 インストールがスタートする。完了後はこのメッセージが表示されるので、USBメモリを取り外す。パソコンが自動的に再起動してChrome OS Flexが起動する。

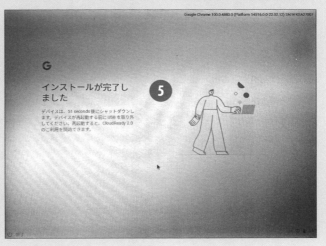

Chrome OS Flex（CloudReady）導入サービス

　サテライトオフィスでは、Chrome OS Flex（Cloud Ready）の導入を支援するサービスを提供しています。企業、学校などで所有している古いパソコン（Windows PC、Mac）をChromebookとして活用したい場合は、サテライトオフィスにご相談ください。

🔳 Chrome OS Flex（CloudReady）導入サービス
https://www.sateraito.jp/Cloudready/index.html

CloudReadyとは？ その種類は？

※以降では「Chrome OS Flex」が発表される以前に執筆した内容を記しています。CloudReadyはChrome OS Flexに統合されることが発表されたため、いずれ内容は古くなると思いますがご了承ください。なお、適宜、原稿執筆時点での最新情報を補足しました。

8-3-1　CloudReadyとは？

ChromebookにはChrome OSというOSが搭載されています。Chrome OSはGoogleが開発したOSですが、同時にGoogleは、同等の機能を持ったChromium OSというオープンソース版のOSも提供しています。

そして、このChromium OSをベースに開発されたのがCloudReadyというOSです。開発した米Neverware社は2020年12月にGoogleに買収され、Googleは将来的にChrome OSとCloudReadyを統合すると公表しています（Chrome OS Flexに統合される予定です）。

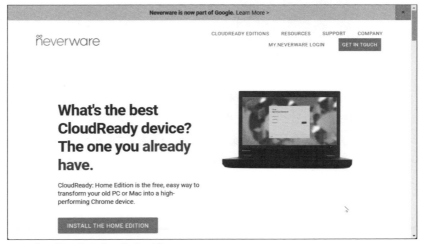

CloudReadyのホームページ

CloudReadyの最大の特徴は、古いWindowsマシンやMacにインストールできることです。求められるスペックは、次のように非常に低くなっています。

- 64bitのCPU
- 2GB以上のメモリ
- 16GB以上のストレージ（HDD/SSD）空き容量

このため、2007年以降に発売されたWindows PC/Macであれば動かすことが可能です（Chrome OS Flexは2010年以前のパソコンでは快適に動作しない可能性があるとしています）。機能・操作性に少し違いはありますが、「CloudReady ≒ Chrome OS」なので、古いWindows PCやMacをほぼChromebookとして再利用できるわけです。

なお、正式に動作確認されている機種は「CloudReady認定モデル」と呼ばれ、以下のサイトで一覧を確認・検索することができます。

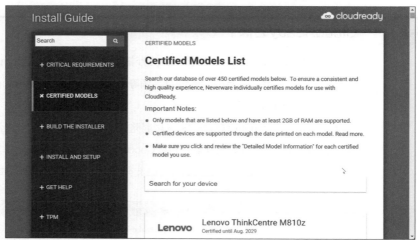

CloudReady認定モデル
https://guide.neverware.com/supported-devices/

ただし、ここに表示されていないモデルでも、動作させることは可能ですので、まずは試してみることをおすすめします。

実際に筆者も、もう破棄するしかないと考えていた古いレッツノートにCloudReadyをインストールしたところ、特に問題なく動作しました。後述するように、インストール用のUSBメモリを作成すれば簡単にインストールできますので、不要なパソコンがあったら、ぜひ試してみてください。

8-3-2 CloudReadyの種類

CloudReadyには「Home」「Enterprise」「Education」の3つの種類（エディション）があります。Homeは個人向け、Enterpriseは企業向け、Educationは学校などの教育機関向けです。

個人向けのHomeは無料で利用できますが、EnterpriseとEducationについては、利用数に応じたライセンス料金が必要になります。OSそのものの機能はどれも同じですが、EnterpriseとEducationにはサポートが付き、Google Workspaceの管理コンソールで管理できる点が異なります。

ですので、まずはHomeで試してみて、問題がなさそうであればEnterpriseやEducationの利用を検討するとよいと思います。なお、その際はサテライトオフィスのような代理店にお問い合わせください。料金やライセンスの詳細、申し込み方法などを丁寧に説明してくれます。

エディション	個人向け Home	教育機関向け Education ※1	企業・公共機関向け Enterprise
価格(年額・税別)	無償	$20〜	$49〜
初回最小購入数	―	30	20
管理機能	×	○	○
Google Workspaceの管理コンソールでの管理	×	○	○
サポート	×	○	○

※1 契約年数により金額は変動

表8-1　CloudReadyの3つのエディションの主な違い

8-3-3　CloudReadyのインストール方法

CloudReadyをインストールするには、まずCloudReadyのインストール用USBメモリを作成する必要があります。作成方法はWindowsとMacでは異なるため、次ページ以降でそれぞれの作成方法を説明しています。

- CloudReadyのインストール用USBメモリを作成する（Windows編）→8-4節参照
- CloudReadyのインストール用USBメモリを作成する（Mac編）→8-5節参照

作ったCloudReadyのインストール用USBメモリでできることは2つあります。1つは、そのUSBメモリから起動して、古いPC/MacにClousReadyをインストールすることです。そしてもう1つが、CloudReadyのインストール用USBメモリそのものにCloudReadyをインストールし、USBメモリ単体でCloudReadyを利用可能にすることです。

すぐにPC/MacにClousReadyをインストールするなら前者、とりあえずUSBメモリ単体でCloudReadyを試すなら後者の作業を行ってください、

- インストール用USBメモリを使って古いPC/MacにCloudReadyをインストールする→8-6節参照
- インストール用USBメモリ単体でCloudReadyを起動できるようにする→8-7節参照

8-4 CloudReadyのインストール用USBメモリを 作成する（Windows編）

ここではWindows環境でCloudReadyのインストール用USBメモリを作成する方法を説明します。原稿執筆時点ではWindowsで作るのが最も簡単なので、最もおすすめの方法です。

なお、NeverwareのWebサイトでは、8GBまたは16GBのUSBメモリの使用を指示しています。ただ、筆者が試したところ、8GB以上のUSBメモリ（筆者が試したのは32GB）であれば問題なく作成できました。

❶
Neverwareの Webサイト（https://www.neverware.com/freedownload）。CloudReadyのインストール用USBメモリを作成する方法は対話形式とマニュアル形式の2つが用意されている。ここでは対話形式で作れる「Download ths USB Maker」の[DOWNLOAD USB MAKER]をクリックする。

❷
ファイル（cloudready-usb-maker.exe）がダウンロードされたら、USBメモリをパソコンに挿したあと実行する。インストールプログラムが起動したら[Next]をクリックする。画面にはUSBメモリは8GBまたは16GBであること、作業には20分ほどかかることが表示される。なお、筆者が試した範囲では、8GB以上のUSBメモリ（32GBなど）でも問題なく作成できた。

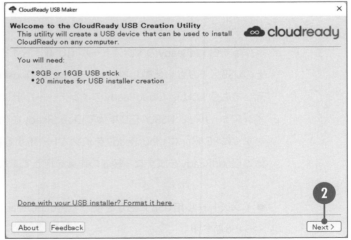

③
8GBまたは16GBのUSBメモ
リを使うことの注意、Sandisk
のデバイスは推奨されないこと
が表示される。[Next]をクリッ
クする。

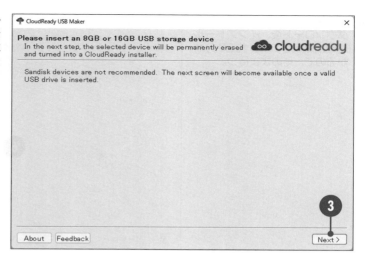

④
USBポートに挿したUSBメモ
リを選択して[Next]をクリッ
クする。複数の選択肢が表示さ
れた場合は、間違わないように
注意。

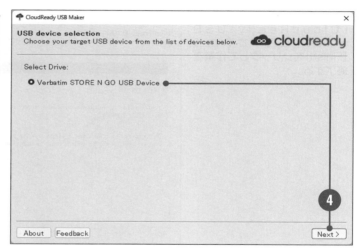

⑤
CloudReadyのダウンロードが
スタートする。

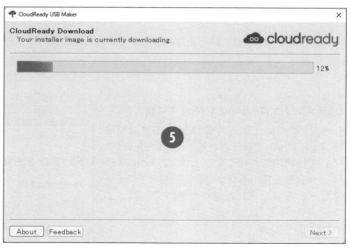

6 ダウンロード後、インストール処理が継続される。約20分かかるので、そのまま待つ。

7 「CloudReady USB created!」と表示されたら[Finish]をクリックして作業を終了する。

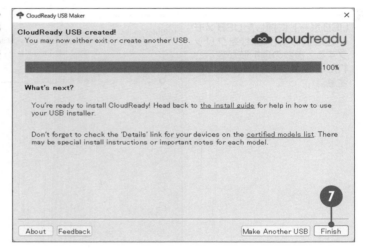

以上でCloudReadyのインストール用USBメモリの作成は完了です。作成したUSBメモリは、いったんパソコンから外して問題ありません。

USBメモリはWindowsやMacでは使えない

作成したCloudReadyのUSBメモリは特殊なフォーマットで管理されるため、WindowsやMacでは利用できなくなります。WindowsやMacが起動しているパソコンに挿すと「フォーマットしますか？」と聞かれるので、誤ってフォーマットしないように注意してください。

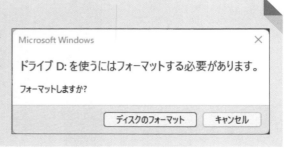

8-5 CloudReadyのインストール用USBメモリを作成する（Mac編）

ここではMac環境でCloudReadyのインストール用USBメモリを作成する方法を説明します。Windowsよりは少し手間がかかりますが、最終的に作成されるインストール用USBメモリは同じものになります。

なお、NeverwareのWebサイトでは、8GBまたは16GBのUSBメモリの使用を指示していますが、筆者が試したところ、8GB以上のUSBメモリ（筆者が試したのは32GB）であれば問題なく作成できました。

❶
Neverware の Web サイト（https://www.neverware.com/freedownload）にアクセスする。CloudReadyのインストール用USBメモリを作成する方法は対話形式とマニュアル形式の2つがある。Macの場合はマニュアル形式のみ用意されているので、「Create a USB installer manually」の[DOWNLOAD 64-BIT IMAGE]をクリックしてファイル（ZIPファイル）をダウンロードする。

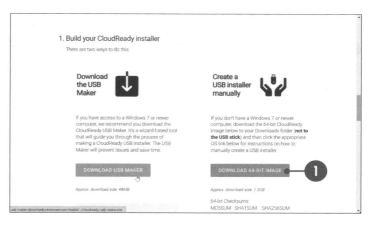

❷
Google Chrome を起動したら、Chromeウェブストアで拡張機能の「Chromebookリカバリーユーティリティ」を検索し、[Chromeに追加]をクリックする。

③

確認のメッセージが表示された
ら[拡張機能を追加]をクリック
する。

④

拡張機能の「Chromebookリカ
バリーユーティリティ」が追加
された。

⑤

Macに8GB以上のUSBメモリ
を挿したら、ChromeでChrome
bookリカバリーユーティリ
ティを起動する。

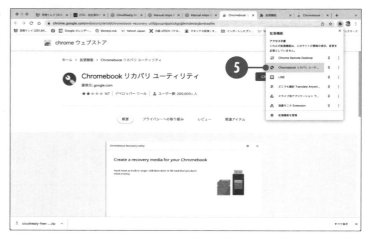

6 右上の設定ボタンをクリックしてメニューを表示し、[ローカルイメージを使用]を選択する。

7 NeverwareのWebサイトからダウンロードしたCloudReadyのZIPファイルを指定する。通常は「ダウンロード」フォルダに保存されている。

8 [開く]をクリックする。

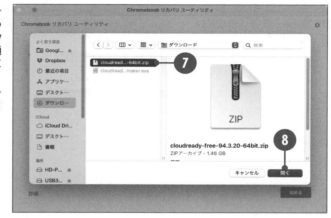

9 パソコンに挿したUSBメモリを選択する。

10 [続行]をクリックする。

⓫ USBメモリに保存されている
データはすべて削除されること
が表示される。問題なければ[今
すぐ作成]をクリックする。

⓬ 作成がスタートする。作成には
20分ほどかかる。

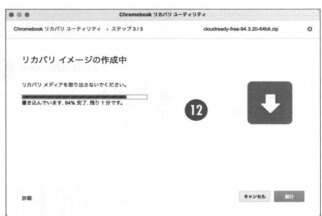

⓭ 作成が完了した。[完了]をク
リックして作業を終了する。作
成したUSBメモリはUSBポー
トから外しても問題ない。

　　　　なお、この方法で作成したUSBメモリは、Windows環境で作成したUSBメモリと同じ
ものです。このUSBメモリをWindows/Macのコンピュータに挿せば、Windows/Macに
CloudReadyをインストールしたり、USBメモリ単体でCloudReadyを起動したりできます。

インストール用USBメモリを使って 古いPC/MacにCloudReadyをインストールする

　　CloudReadyのインストール用USBメモリを作ったら、そのUSBメモリを使って古い PC/MacにCloudReadyをインストールします。なお、インストールすると古いPC/Mac のデータはすべて削除されます。

＜Windows/Mac：インストール用USBメモリから古いWindows/Macに CloudReadyをインストールする＞

❶

インストール用USBメモリか ら起動する(「8-2-2　作業2： Windows/MacマシンをUSB メモリから起動するように設定 変更する」を参照)。「Welcome to Chrome device」と表示さ れたら、右下の「US」という文字 や時間が表示されたエリアをク リックする。

❷

メニューが表示されたら、左上 の[install OS]をクリックす る。

3

「CloudReady Installer」の画面が表示されたら[INSTALL CLOUDREADY]をクリックする。

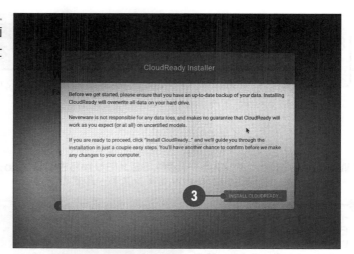

4

インストールすると古いパソコンのすべてのデータが削除されることが表示される。問題なければ[ERASE HARD DRIVE & INSTALL CLOUDREADY]をクリックする。

5

パソコンへのインストールがスタートする。インストールが完了すると、パソコンは自動的にシャットダウンする。

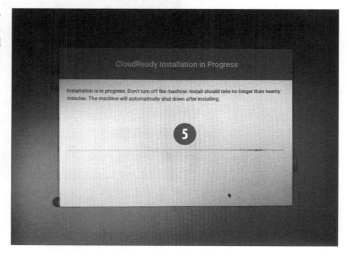

6

パソコンに挿したCloudReady
のUSBメモリを取り外し、パソ
コンの電源を入れる。すると
CloudReadyのロゴが表示さ
れ、自動的に次の画面に切り替
わる。

7

「Welcome to Chrome
device」と表示されたら、
[English (United States)]を
クリックする。

8

言語とキーボードを設定する画
面になる。

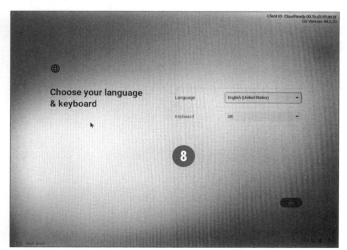

9 言語とキーボードの両方で[日本語]を選択する。

10 [OK]をクリックする。

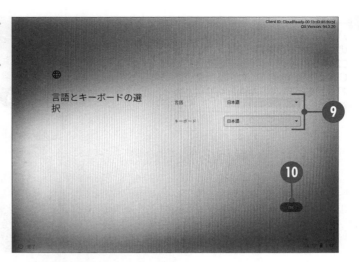

11 [始める]をクリックする。

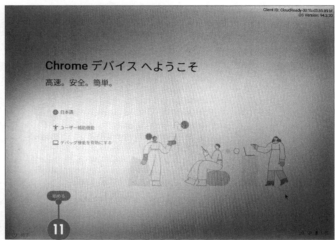

12 利用するWi-Fiネットワークを選択する。

⓭
Wi-Fiネットワークのパスワードを入力する。

⓮
[接続]をクリックする。

⓯
利用規約が表示されるので、確認して[同意して続行]をクリックする。

⓰
[あなた]を選択する。

⓱
[次へ]をクリックする。

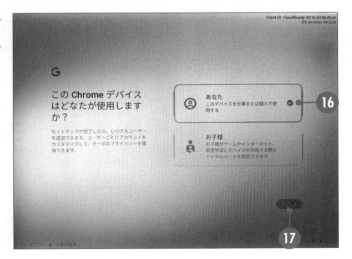

⑱ Google Workspaceのアカウント(Googleアカウント)のメールアドレスを入力する。

⑲ [次へ]をクリックする。

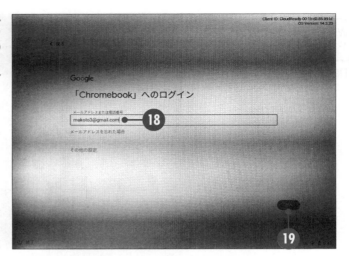

⑳ Google Workspaceのアカウント(Googleアカウント)のパスワードを入力する。

㉑ [次へ]をクリックする。

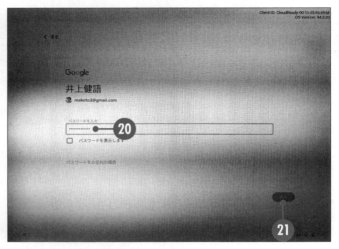

㉒ 2段階認証の確認を求められた場合は必要な手続きを行う。なお、設定によっては2段階認証の画面は表示されない。

㉓

アプリや設定、ブラウザのブックマークなどの同期の説明が表示される。同期するので[同期を有効にする]をクリックする。

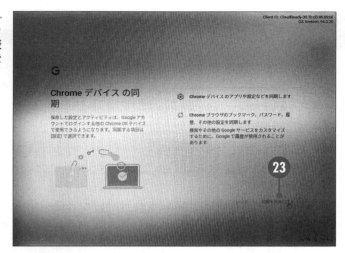

㉔

これで準備完了。[始める]をクリックする。

㉕

CloudReadyが起動する。

Windows 11/10でBIOS設定画面を表示できないときは

　Windows 11/10の起動時にBIOS設定画面を表示できなかったり、USBメモリから起動できなかったりした場合は、Windows 11/10側で次の操作を試してみてください。ここでは、Windows 10の画面で説明します。

　CloudReadyのUSBメモリをポートに挿したら設定画面を開き、[更新とセキュリティ]を選択する。Windows 11の場合は[システム]の[回復]を選択する。

　[PCの起動をカスタマイズする]で[今すぐ再起動]をクリックする。Windows 11の場合は[回復オプション]の[PCの起動をカスタマイズする]で[今すぐ再起動]をクリックし、確認のメッセージが表示されたら[今すぐ再起動]をクリックする。

　[オプションの選択]が表示されたら[デバイスの使用]をクリックする。

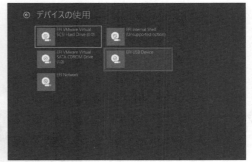

　[EFI USB Device]を選択する。これでUSBメモリから起動できる。

インストール用USBメモリ単体でCloudReadyを起動できるようにする

　前項の「8-6　インストール用USBメモリを使って古いPC/MacにCloudReadyをインストールする」では、作成したCloudReadyのインストール用USBメモリを使って、すぐにPC/Macの内蔵ストレージにCloudReadyをインストールしました。

　しかし、実際にインストールする前に、CloudReadyがどんなOSなのか試してみたいという方も多いでしょう。その場合は、作成したUSBメモリ自体にCloudReadyをインストールし、USBメモリ単体でCloudReadyを利用することもできます。

　この場合、CloudReadyのUSBメモリをパソコンに挿して、そのUSBメモリから起動して、USBメモリ内にあるCloudReadyを利用します。このため、USBメモリを挿してあるパソコン（WindowやMac）は何の影響も受けません。もちろん、パソコンにインストールされているWindowsやMacが削除されたり、CloudReadyに置き換わったりすることもありません。

　ただし、USBメモリなのでスピードは遅く、実用的とはいえません。このため、あくまで試用目的と考えた方がいいでしょう。なお、USBメモリにインストールしたCloudReadyを使って、後からパソコンにCloudReadyをインストールすることも可能です。その場合はWindowsやMacは削除されますので注意してください。

❶
PC/MacにCloudReadyのインストール用USBメモリを挿して、そのUSBメモリから起動する（「8-2-2 作業2：Windows/MacマシンをUSBメモリから起動するように設定変更する」を参照）。「Welcome to Chrome device」と表示されたら、[English (United States)]をクリックする。

2
言語とキーボードを設定する画面になる。

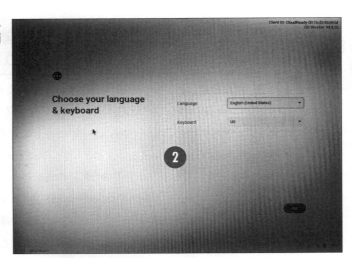

3
言語とキーボードの両方で[日本語]を選択する。

4
[OK]をクリックする。

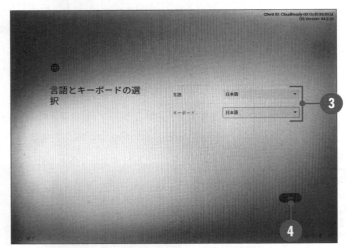

5
[始める]をクリックする。

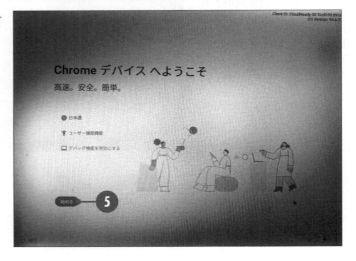

6
利用するWi-Fiネットワークを
選択する。

7
Wi-Fiネットワークのパスワー
ドを入力する。

8
[接続]をクリックする。

9
利用規約が表示されるので、確
認して[同意して続行]をクリッ
クする。

⑩

[あなた]を選択する。

⑪

[次へ]をクリックする。

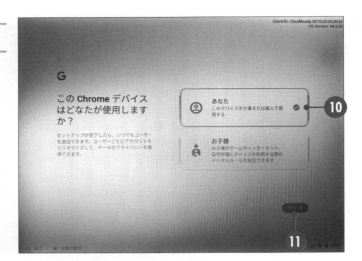

⑫

Google Workspaceのアカウント(Googleアカウント)のメールアドレスを入力する。

⑬

[次へ]をクリックする。

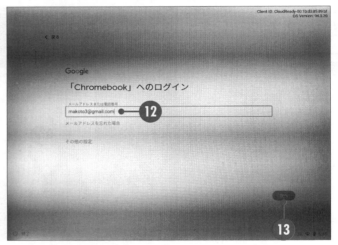

⑭

Google Workspaceのアカウント(Googleアカウント)のパスワードを入力する。

⑮

[次へ]をクリックする。

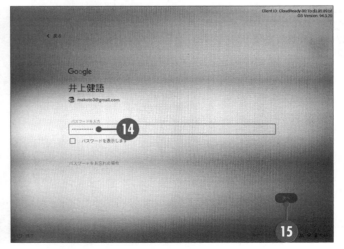

16
2段階認証の確認を求められた
場合は必要な手続きを行う。

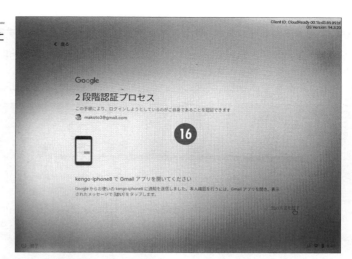

17
アプリや設定、ブラウザのブッ
クマークなどの同期の説明が表
示される。同期するので[同期を
有効にする]をクリックする。

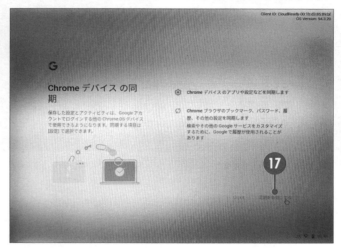

18
これで準備完了。[始める]をク
リックするとCloudReadyが起
動する。

先にUSBメモリにインストールしたあとPC/Macにインストールするには

　古いPC/Macよりも先にUSBメモリにCloudReadyインストールした場合は、USBメモリから
CloudReadyを起動したあと、右下の通知領域をクリックしてメニューを開き、メニュー左上の
[install OS] をクリックしてください。これで、PC/MacにCloudReadyをインストールできます。

9

Chromebook での
Windows 365 の利用

　マイクロソフトは Windows をクラウドで実行する
「Windows 365」というサービスを提供しています。
Windows 本体はクラウドで実行され、結果の画面だけが
クライアントに転送されるため、Chromebook を端末と
して利用することで、安全で運用管理の簡単なシンクライ
アント環境を実現することができます。ここでは、
Windows 365 の概要と Chromebook で Windows
365 を利用する基本操作を紹介します。

Windows 365とは？

マイクロソフトのWindowsは、パソコンにインストールして利用するのが一般的です。しかし、2021年7月にマイクロソフトが発表した「Windows 365」は、Windowsをクラウド上で利用するという、まったく新しいWindowsの使い方ができるサービスです。

仕組みはこうです。まず、クラウド上のコンピュータでWindowsを動かします。ユーザーはそのWindowsにインターネット経由でアクセスし、デスクトップの画面だけを転送します。手元の端末からはマウスとキーボードの情報だけをクラウドに送り、クラウド上で処理された結果が画面イメージとして手元の端末に送られてきます。この仕組みのことを「仮想デスクトップ」といいます。

手元の端末は、基本的に画面だけ表示できればよいので、WindowsパソコンでもMacでも、さらにiPhoneやiPadでもかまいません。もちろんChromebookでも問題ありません。

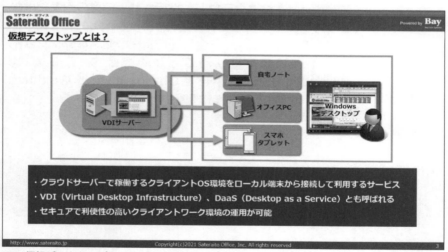

仮想デスクトップとは？（出典：サテライトオフィスの資料）

Windowsを実行するのはクラウド、手元の端末は画面表示だけという仮想デスクトップのサービス「Windows 365」には、次のようなメリットがあります。

・ どこからでも同じ環境で仕事ができる

インターネット環境があれば、どこにいても同じWindows環境で仕事ができます。自

宅ではChromebook、カフェではiPadというように、利用する場所によって異なる端末を使い分けることも可能です。

・ 情報漏えいなどのセキュリティ対策に有効

　Windows 365では、手元の端末は画面を表示するだけです。Windowsで作成・編集したファイルは、すべてクラウド上に保存されて手元の端末には保存されません。このため、情報漏えいの心配がありません。

　また、万が一、手元の端末が紛失しても、正しい認証情報がない限りクラウドのWindowsにはアクセスできません。仮にアクセスできても、紛失した端末からのアクセスをクラウド側で拒否することもできるので、セキュリティは非常に高いといえます。

・ 端末のメンテナンス、トラブル対応などの運用軽減

　管理者はWindows 365を利用する端末をリモートからまとめて管理できます。また、Windowsはクラウドで実行され、常に最新状態に保たれるので、端末ごとに更新作業をする必要もありません。さらに、万が一、端末が故障しても、交換するだけですぐに業務を再開することができます。

・ リモートワーク、BCP対策など変化するワークスタイルに対応できる

　リモートワークで利用する際に、使い慣れたWindows環境を安全に利用できます。新型コロナウイルスのようなパンデミック、災害時など、急きょ出社できない状態になっても業務を安全に継続することができます。

Windows 365の種類と価格

Windows 365は中小企業向けの「Windows 365 Business」（以下、「Business」）と中堅・大企業向けの「Windows 365 Enterprise」（以下、「Enterprise」）に分かれています。

Saterait Office — Powered by **Bay**

Windows365 プラン	Windows365 Business	Windows365 Enterprise
どんな企業に向いてる？	小〜中規模の企業様 仮想デスクトップ環境をシンプルに管理、運用したい	中〜大規模の企業様 仮想デスクトップだけでなく、社内システムをマイクロソフトサービスで統合したい！
最大ライセンス数	300まで	無制限
オンプレサーバー接続	×	○
オンプレAD接続	×（Azure AD Join）	○（Hybrid Azure AD Join）
イメージカスタマイズ	×	○
認証・デバイス制御	× SSOやChrome Enterprise Upgradeとの連携で実現可能	Microsoft Endpoint Manager (Intune)によるデバイス管理が前提
構築	不要	必要（複雑）
料金	固定サブスクリプション 月額¥2,720〜（スペックによる）	固定サブスクリプション 月額¥2,720〜（スペックによる） ※ Azure利用料金（従量課金）も必要となる
前提ライセンス	不要	Windows 10/11 Enterprise Microsoft Endpoint Manager Azure Active Directory P1 ※上記を同梱するMicrosoft365プランとの組合せが一般的 Microsoft365 E3/E5/F3/Business Preimum

Windows 365 Business と Windows 365 Enterprise の違い（出典：サテライトオフィスの資料）

最大の違いは、Businessがライセンス数300まで、Enterpriseが無制限となっていることです。したがって、従業員数が300名以下の企業はBusiness、300名を超える企業はEnterpriseを選択することになります。

Business、Enterpriseともに「Basic」「Standard」「Premium」の3つのプランが用意されています。各プランの主な違いはCPU、メモリ、ストレージの違いとなっています。今後、価格やスペックは変更される可能性がありますが、原稿執筆時点の最新データは次のとおりです。

・Windows 365 Business/Enterprise共通

＜Basic＞ 価格：4210円/月、CPU：2、メモリ：4GB、ストレージ：128GB
＜Standard＞ 価格：5570円/月、CPU：2、メモリ：8GB、ストレージ：128GB
＜Premium＞ 価格：8970円/月、CPU：4、メモリ：16GB、ストレージ：128GB

9-3　Windows 365用のデバイスとして最適な Chromebook

Windows 365は、本書のテーマであるChromebookで利用することができます。Web ブラウザもしくはAndroid用のリモートデスクトップアプリを利用すれば、Windows 365にログインしてWindowsのデスクトップを利用することが可能です。

Chromebookで Windows 365を利用することで、次のようなメリットが得られます。

・ 廉価な端末で利用できる

Windows 365では、クラウドで Windowsが実行されるため、端末側には高性能なコンピュータは必要ありません。このため、ネットワーク環境さえしっかりしていれば、廉価な Chromebookでも十分に Windowsを活用できます。また、廉価な Chromebook を利用できるため、万が一、端末が故障しても交換が容易です。

・ 起動が高速でバッテリーが長持ち

Chromebookは起動が高速なので、すぐに Windowsで作業を始めることができます。また、端末側で処理を実行しないので、電力消費も小さく、長時間の利用が可能です。

・ 高いセキュリティ

Chromebookはローカルに必要最小限のデータしか保存しません。Windows 365を利用する場合も、Windows上のデータはすべてクラウド側に保存され、Chromebook上には保存されないため、データ漏えいの心配がありません。もちろん、Windowsはクラウド側で実行されるので、Windows用のウィルス対策ソフトを導入する必要もありません。

・ 端末のコントロールが可能

Chromebookは企業用の「Chrome Enterprise Upgrade」、教育機関用の「Chrome Education Upgrade」を利用することで、端末を集中管理できます。Chromebookの機能や利用できるアプリなどを制御できるので、ユーザーがセキュリティやガバナンスの観点から望ましくない使い方をするのを制限することが可能です。なお、Chromebook の管理については「第10章 Chromebookの管理」を参照してください。

このように、ChromebookはWindows 365を利用する端末として、理想的な特徴を持っています。企業や教育機関などで Windowsを安全に活用したい場合は、ぜひ端末としてChromebookを検討してください。

9-4 Webブラウザで Windows 365 にログインする

　ここではサテライトオフィスが提供するデモ環境とデモアカウント（※注1）を用い、Webブラウザで Windows 365 にログインする操作を説明します。なお、後述するように Android 版のリモートデスクトップアプリでも利用できますが、現時点では Web ブラウザを利用する方法を推奨します。

※注1：サテライトオフィスでは Windows 365 を検討している企業向けに同様のデモ環境を提供していますので、関心のあるかたはお問い合わせください。

1 Windows 365 のホーム画面（https://windows365.microsoft.com/）を表示したら、デモアカウントのメールアドレスを入力する。

2 [次へ]をクリックする。

3 ネクストセット（サテライトオフィスのグループ会社）のシングルサインオン用の画面が表示される。

4 デモアカウントのログインIDとパスワードを入力する。

5 [LOGIN]をクリックする。

6

「サインインの状態を維持しますか?」と表示されたら、[はい]をクリックする。なお、[今後このメッセージを表示しない]をチェックすると、以後、このメッセージは表示されなくなる。

7

Windows 365のホーム画面が表示される。Windows 365を利用するには、Webブラウザを使う方法とリモートデスクトップを利用する方法の2つがある(HINT参照)。

8

ここではWebブラウザを使うので、[ブラウザで開く]をクリックする。

9

この画面が表示されたら[プリンタ] [マイク] [クリップボード]がチェックされていることを確認する。

10

[高度な設定を表示する]をクリックする。

⓫
[代替キーボードレイアウト]を
オンにする。

⓬
[日本語(106/109キー)]を選
択する。

⓭
[接続]をクリックする。

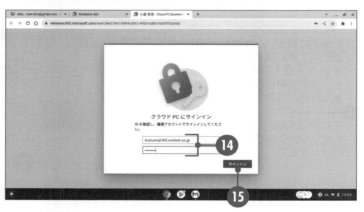

⓮
デモアカウントのログインIDと
パスワードを入力する。

⓯
[サインイン]をクリックする。

⓰
Webブラウザ内にWindowsの
デスクトップが表示される。

9-5 リモートデスクトップのアプリで Windows 365にログインする

Windows 365はリモートデスクトップのアプリから利用する方法もあります。その場合は、ChromebookにAndroidの「Microsoftリモートデスクトップアプリ」をインストールする必要があります。ここでは、Microsoftリモートデスクトップアプリをインストールしてあるものとして、Windows 365にログインする方法を説明します。なお、現時点ではWebブラウザを利用する方法を推奨します。

❶ Windows 365のホーム画面で、クイックアクションの[Microsoftリモートデスクトップアプリ]をクリックする。

❷ [AndroidのMicrosoftリモートデスクトップ]で[サブスクリプションURLの取得]をクリックする。なお、ここで[Google Playストアに移動する]をクリックすると、Android用のアプリを入手できる。

❸

URLが表示されたら、[コピー]をクリックしてURLをクリップボードにコピーする。

❹

[閉じる]をクリックしてウィンドウを閉じる。

❺

リモートデスクトップのアプリを起動する。

❻

[+]をクリックする。

❼

[Add Workspace] を選択する。

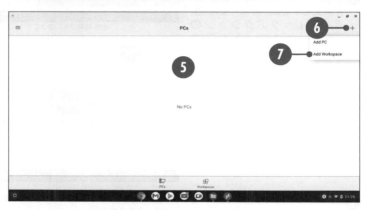

❽

[Ctrl] + [V]キーでコピーしたURLを貼り付ける。

❾

URLが貼り付けられたら、
[Next]をクリックする。

❿

デモアカウントのIDを入力す
る。

⓫

[次へ]をクリックする。

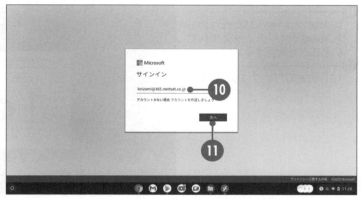

⓬

ネクストセット(サテライトオ
フィスのグループ会社)のシン
グルサインオン用の画面が表
示される。

⓭

デモアカウントのログインIDと
パスワードを入力する。

⓮

[LOGIN]をクリックする。

⑮

ワークスペースのアイコンが追
加されるのでクリックする。

⑯

[Local storage][Microphone]
[Clipboard]がチェックされて
いることを確認する。

⑰

[CONNECT]をクリックする。

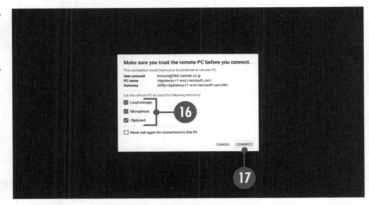

⑱

端末内のファイルへのアクセス
許可を求めるメッセージが表示
されたら、[許可]をクリックす
る。

⑲ 音声録音の許可を求めるメッセージが表示されたら、[許可]をクリックする。

⑳ もう一度、デモ用のパスワードを入力する。

㉑ [CONTINUE]をクリックする。

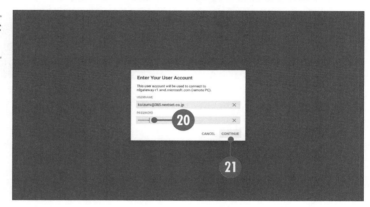

㉒ パスワードを保存するかどうかを確認するメッセージが表示されたら、[はい]をクリックする。

㉓
Windowsのデスクトップが表示される。

Web ブラウザの使用を推奨

　Android版のリモートデスクトップアプリは、原稿執筆時点では動作が不安定でした。今後、改善されると思いますが、現時点ではWebブラウザでの利用をおすすめします。

デスクトップの表示を変更する（ブラウザ版）

ブラウザで接続した場合は、Windowsのデスクトップがブラウザ内に表示されます。
また、ツールバーを表示/非表示したり、フルスクリーンに切り替えたりできます。

❶ [Collapse Toolbar] をクリックする。

❷ ツールバーが非表示になる。

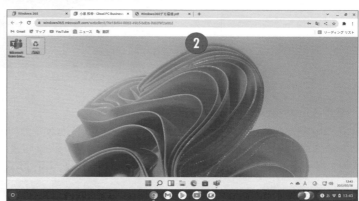

❸ デスクトップ上端にマウスポインタを合わせると、ボタンが表示される。クリックすると、再びツールバーが表示される。

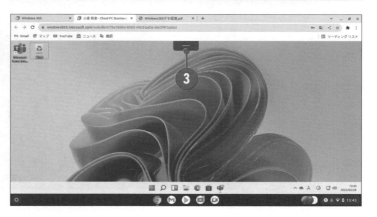

④ ツールバーのフルスクリーンの
ボタンをクリックする。

⑤ 画面全体に Windows のデスク
トップが表示される。

⑥ 再びブラウザ内の表示に戻すに
は、このボタンをクリックする。
または [Esc] キーを押す。

フルスクリーンでツールバーを非表示にした場合

　フルスクリーンにしてツールバーも消すと、見た目には通常の Windows と同様の画面になります。
マウスポインタを画面上端に合わせる2つのボタンが表示されます。

・フルスクリーンのままツールバーを表示する。

・フルスクリーンを解除する

9-7 クラウドPCを終了する（ブラウザ版）

Windowsの利用を終了する場合は、Windows 365と切断します。なお、切断しても再接続すればすぐにWindowsのデスクトップを利用できます。

1 スタートボタンをクリックしてメニューを開く。

2 [電源]ボタンをクリックする。

3 [切断]をクリックする。

4 切断される。切断されたらブラウザは閉じて問題ない。なお、[再接続]をクリックすると再び接続できる。

サインアウトした場合

サインアウトした場合は、Microsoftアカウントからサインアウトし、ネクストセットのシングルサインオン用の画面が表示されます。

Chromebookの管理

企業や学校などで大量のChromebookを導入する場合、Google Workspaceの管理者は、管理コンソールを使ってChromebookの機能やセキュリティを管理することが不可欠になります。ここでは、Chromebook管理の概要と主な機能について説明します。

10-1 管理コンソールを表示する

Chromebookの管理は、管理者が「管理コンソール」を表示して行います。なお、管理コンソールにアクセスできるのは管理者のアカウントだけです。ここでは、管理コンソールを表示する方法を説明します。

1
GmailやGoogleカレンダーなどのGoogleのサービスを表示したら、右上の[Googleアプリ]をクリックしてメニューを表示する。

2
[管理]をクリックする。このあと、管理者アカウントのメールアドレスとパスワードを求められたら入力する。

3
管理コンソールが表示される。

一般ユーザーのアカウントでは利用できない

管理者権限のない一般ユーザーのアカウントでは、メニューに [管理] が表示されません。

10-2 Google Enterprise Upgradeの 無料試用版に申し込む

「Chromebookの管理機能」は、組織で所有するChromebookを一元的に管理する機能です。組織で利用するChromebookのセキュリティポリシー、Chromeの設定・機能、Chromeアプリや拡張機能の強制インストールなど、さまざまな管理機能を利用できます。

「Chromebookの管理機能」を利用するには、「Google Enterprise Upgrade」または「Google Education Upgrade」に申し込む必要があります。「Google Enterprise Upgrade」に関しては、最大50台まで、30日間の無料試用ができる試用プランが用意されているので、まずはそれを申し込んで試してみることをおすすめします。

ここでは、企業向けの「Google Enterprise Upgrade」の無料試用版に申し込む手順を説明します。なお、教育機関向けの「Google Education Upgrade」に申し込むには、営業担当者または認定パートナーに問い合わせてください。

1 管理コンソールで[お支払い]の[サブスクリプション]を選択する。

2 [サブスクリプションを追加またはアップグレードする]をクリックする。

3 [Chrome Enterprise Upgrade]の[無料試用を開始]をクリックする。

4

[開始]をクリックする。

5

[試用プラン]を選択する。

6

[ご購入手続き]をクリックする。

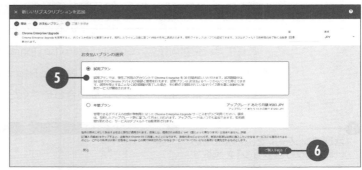

7

[注文]をクリックする。

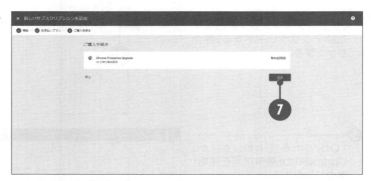

8

確認のメッセージが表示されたら、[×]をクリックして閉じる。

9

サブスクリプションに「Chrome Enterprise Upgrade」が追加されて、試用可能になる。

試用期間が過ぎるとどうなる？

試用プランは、[お支払い] のページからいつでも停止できます。試用を停止することなく試用期間が満了した場合は、その時点で登録されているデバイス数に応じて自動的に有料サービスに移行します。

サテライトオフィス Google Workspace for Education

サテライトオフィスでは、教育機関向けの「Google Workspace for Education」の導入支援を行っています。導入前の検討、無料プランから有料プランの選択、Google Classroomを活用した授業支援など、教育機関向けのさまざまなサービスを提供しています。

https://www.sateraito.jp/G_Suite_Education/index.html

10-3 ゲストモードの有効/無効を設定する

Chromebookが管理者によって管理されている場合は、ゲストモードの有効/無効を管理者が設定できます。ここでは、その方法を説明します。なお、ゲストモードについては、2章の「2-25　ゲストとしてブラウジングする（ゲストモードの利用）」を参照してください。

❶
管理コンソールのメニューで[デバイス]－[Chrome]－[設定]－[デバイス]を選択する。

❷
左側のメニューで設定する組織を選択する。全体を設定するならトップの組織を選択する。

❸
[ログイン設定]の[ゲストモード]で「ゲストモードを許可する」または「ゲストモードを無効にする」のいずれかを選択する。

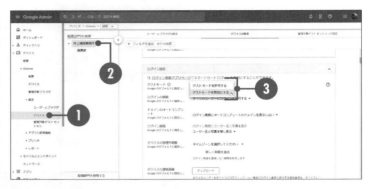

❹
設定を変更すると、右上に[保存]ボタンが表示されるのでクリックする。なお設定を取り消して元に戻すなら[元に戻す]をクリックする。

10-4 シークレットモードの有効/無効を設定する

WebブラウザのGoogle Chromeには、検索や閲覧の履歴が残らない「シークレット
モード」が用意されています。したがって、社員がシークレットモードを利用すると検
索したサイトやキーワードを確認できません。不要なサイトの閲覧を防止するなら、管
理者はシークレットモードを禁止することができます。

①
管理コンソールのメニューで
[デバイス]－[Chrome]－[設
定]－[ユーザーとブラウザ]を
選択する。

②
左側のメニューで設定する組
織を選択する。全体を設定する
なら、トップの組織を選択する。

③
[セキュリティ]の[シークレッ
トモード]で[シークレットモー
ドを許可する]または[シーク
レットモードを無効にする]を
選択する。

④
設定を変更すると、右上に[保
存]ボタンが表示されるのでク
リックする。なお設定を取り消
して元に戻すなら、[元に戻す]
をクリックする。

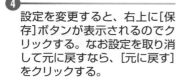

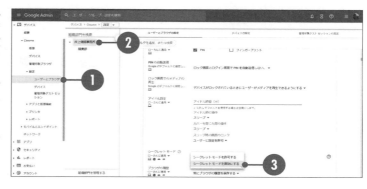

シークレットモードを選択できない

　管理者がシークレットモードを禁止すると、Google Chromeのメニューから［シークレットウィンドウを開く］のコマンドが消えます。

シークレットモードが有効の場合

シークレットモードが無効の場合

10-5

独自の壁紙を登録して
すべてのChromebookに表示する

管理しているChromebookで共通の壁紙（デスクトップの背景画像）を設定すること
ができます。会社のロゴなどが入った壁紙を使用すれば、ひと目で管理されている
Chromebookだとわかります。なお、管理者が壁紙を設定すると、個々のユーザーは壁
紙を設定できなくなります。

1
管理コンソールで[デバイス]ー
[Chrome]ー[設定]ー[ユー
ザーとブラウザ]を選択する。

2
左側のメニューで設定する組
織を選択する。全体を設定する
ならトップの組織を選択する。

3
[全般]で[カスタムの壁紙]の
[アップロード]をクリックす
る。

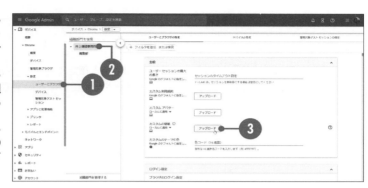

4
画像ファイルを選択する。

5
[開く]を選択する。

6
壁紙用の画像ファイルが登録
される。

7
[保存]をクリックする。

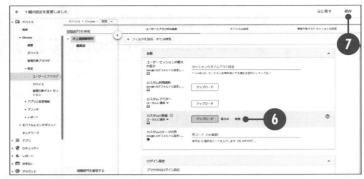

壁紙画像の確認と削除

　登録した壁紙の画像は、[表示]をクリックすると確認できます。[削除]をクリックし、[保存]を
クリックすると削除され、再び個々のユーザーが個別に壁紙を設定できるようになります。

10-6　ログイン時に6桁以上の数字（PIN）が利用できるようにする

Chromebookのログイン時やロック解除時に、6桁以上の数字（PIN）を利用できるように設定変更できます。毎回パスワードが入力するのが面倒な場合は、PINを利用可能にしておくことで、ユーザーの利便性を高めることができます。

❶ 管理コンソールで[デバイス]−[Chrome]−[設定]−[ユーザーとブラウザ]を選択する。

❷ 左側のメニューで設定する組織を選択する。全体を設定するならトップの組織を選択する。

❸ [セキュリティ]の[ロックのクイック解除]で[PIN]をチェックする。

❹ [保存]をクリックする。

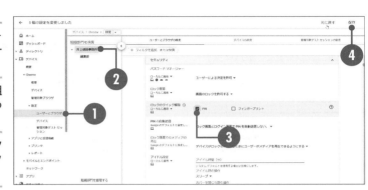

Chromebook での PIN の設定

本文の方法でPINが利用可能になっていると、Chromebookの設定画面でユーザー自身でPINを登録できます。設定画面の［セキュリティとプライバシー］で［ロック画面とログイン］を選択し、パスワードを入力して設定画面を開きます。次に［PINまたはパスワード］を指定し、［PINを設定］をクリックして6桁以上の数字を登録してください。

設定画面の ［ロック画面とログイン］ をクリックする。このあとパスワードを求められたら入力する。

［PINまたはパスワード］ をチェックし、[PINを設定] をクリックして6桁以上の数字を登録する。

10-7 Androidアプリ/拡張機能の利用を 許可する/禁止する

管理者によって管理されているChromebookでは、Google Playストアでインストール できるAndroidアプリ、Chromeウェブストアでインストールてきる拡張機能/アプリの 利用許可/禁止を管理者が設定できます。設定を変更するには、ここで解説する手順で 設定してください。

❶ 管理コンソールで[デバイス]− [Chrome]−[アプリと拡張機 能]−[ユーザーとブラウザ]を 選択する。

❷ 左側のメニューで設定する組 織を選択する。全体を設定する ならトップの組織を選択する。

❸ [追加の設定]をクリックする。

❹ [許可/ブロックモード]の[編 集]をクリックする。

❺ [Playストア]と[Chromeウェ ブストア]の設定を変更する。設 定できる項目はHINTを参照。

❻ [保存]をクリックする。

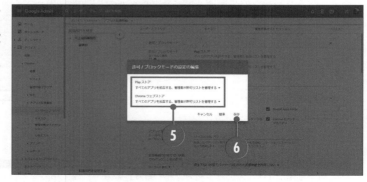

Playストア/Chromeウェブストアで設定できる項目

　［許可/ブロックモード］の［編集］をクリックしたとき設定できる項目は次のとおりです。ここでの設定と次項で説明するアプリ・拡張機能ごとの設定を組み合わせて、Chromebookで利用できるアプリ・拡張機能を管理します。

＜Playストア＞

- **すべてのアプリを許可する、管理者が拒否リストを管理する**
  ユーザーは、管理者がブロックしたアプリを除くすべてのアプリをGoogle Playからインストールできます。
- **すべてのアプリを拒否する、管理者が許可リストを管理する**
  ユーザーは、管理者が許可したアプリのみをGoogle Playからインストールできます。

＜Chromeウェブストア＞

- **すべてのアプリを許可する、管理者が拒否リストを管理する**
  ユーザーは、管理者がブロックしたアプリと拡張機能を除くすべてのアプリと拡張機能をChromeウェブストアからインストールできます。
- **すべてのアプリを拒否する、管理者が許可リストを管理する**
  ユーザーは、管理者が許可したアプリと拡張機能のみをChromeウェブストアからインストールできます。
- **すべてのアプリを拒否する、管理者が許可リストを管理する、ユーザーは拡張機能をリクエストできる**
  ユーザーがChromeウェブストアからインストールできるのは、管理者が許可したアプリと拡張機能のみです。ただし、必要な拡張機能をリクエストすることも可能です。管理者はユーザーがリクエストした拡張機能を許可/ブロック/自動インストールできます。

個人用アカウントで利用するChromebookの場合

　個人用のアカウントで利用するChromebookでは、Androidアプリを利用するかどうかは、ユーザー自身が設定画面で選択できます。設定画面でメインメニューを開き、［Google Playストア］を選択すると設定項目が表示されます。

10-8 インストールできるアプリをAdobe Readerアプリ（Android版）だけにして自動的にインストールする

管理者が管理しているChromebookでは、インストール可能なAndroidアプリや拡張機能を管理者が管理できます。ここでは、Android版のAdobe Readerアプリだけ許可し、各ユーザーのChromebookに自動的にインストールし、タスクバーにアイコンを固定する例を説明します。なお、許可したアプリ以外はインストールできなくなります。

❶
管理コンソールで[デバイス]−[Chrome]−[アプリと拡張機能]−[ユーザーとブラウザ]を選択したら、前項目の手順で、[Playストア]の設定を[すべてのアプリを拒否する、管理者が許可リストを管理する]にする。

❷
右下の[+]にマウスポインタを合わせ、メニューが表示されたら[Google Playから追加]を選択する。

❸
Google Playが表示されたら、検索ボックスに「Adobe」と入力して[検索]ボタンをクリックする。

❹
アドビ社のアプリが検索されたら、「Adobe Acrobat Reader」をクリックする。

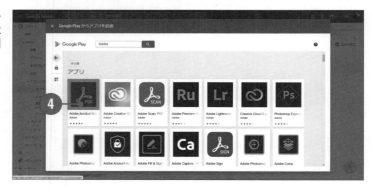

5

Adobe Acrobat Readerの詳
細ページが表示されたら、[選
択]をクリックする。

6

アプリの一覧にAdobe Acrobat
Readerが追加されたら、イン
ストールポリシーの項目をク
リックする。

7

メニューが表示されたら、[自動
インストールしてChrome OS
タスクバーに固定する]を選択
する。

8

確認のメッセージが表示された
ら、[OK]をクリックする。

⑨
[保存]をクリックする。設定を
取りやめるなら、[元に戻す]を
クリックする。

⑩
しばらくすると、各Chrome
book に Adobe Acrobat
Reader の Android アプリがイ
ンストールされて、タスクバー
にアイコンが表示される。

インストールポリシーについて

　手順**⑦**では、次の4つのインストールポリシーを選択できます。

- **自動インストールしてChrome OSタスクバーに固定する**……自動的にインストールして Chrome OSのタスクバーにアイコンを固定します。
- **自動インストールする**……自動的にインストールします。
- **インストールを許可する**……ユーザーがインストールできるようにします。
- **ブロック**……ユーザーがインストールできないようにします。

10-9 Chromebook の情報を確認する

管理者は、管理しているChromebookを一覧表示してその状態を確認したり、特定の
Chromebookのシリアル番号や利用しているユーザーの情報などを確認したりできます。

① 管理コンソールのメニューで
[デバイス]-[Chrome]-[デ
バイス]を選択する。

② 管理している Chromebook が
一覧表示される。ステータス表
示をクリックする。

③ 表示するChromebookのス
テータスを指定する。ここでは
[すべて]を指定する。

④ [適用]をクリックする。

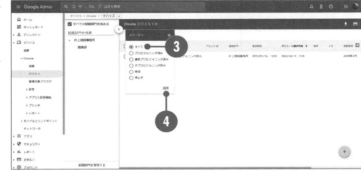

⑤ すべての Chromebook が表示
される。

⑥ 詳細を確認したいChrome
bookのシリアル番号をクリッ
クする。

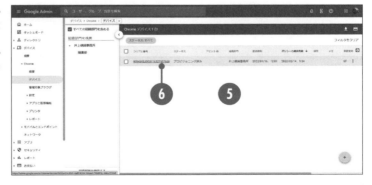

❼ デバイスの詳細情報が表示される。

フィルタで絞り込む

[フィルタを追加]をクリックすると、条件を追加してChromebookを絞り込むことができます。

　[フィルタを追加]をクリックすると、条件の一覧が表示される。

10-10 特定のChromebookを無効化する

特定のChromebookを無効にできます。Chromebookが紛失したり盗難に遭ったりした場合は、とりあえず無効にすることでセキュリティを確保することができます。ここでは、その手順を説明します。なお、無効にしても管理者の管理対象から外れることはありません。管理対象から外す場合は、次項の「デプロビジョニング」を実行してください。

1 管理コンソールのメニューで[デバイス]−[Chrome]−[デバイス]を選択する。

2 無効にするデバイスの右端にある[操作メニュー]をクリックする。

3 [無効にする]を選択する。

4 無効にする方法を選択する。ここでは[[「ロック画面」で無効にした〜]]を選択する。項目による違いはHINTを参照。

5 [無効にする]をクリックする。

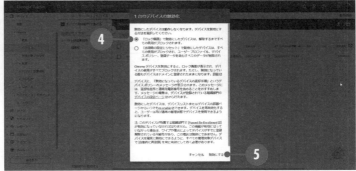

6 無効になったChromebookには、このようなメッセージが表示されて利用できなくなる。

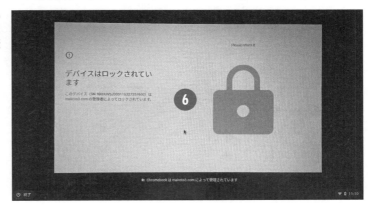

無効にする方法

Chromebookを無効にするには、次の2つの方法が用意されています。

- **「ロック画面」で無効にしたChromebookは、解除するまでの使用がブロックされます。**
  ……Chromebookに登録しているアカウント情報や保存されているデータはそのままですが、利用ができなくなります。再有効化すると、以前と同じ状態で利用できます。
- **「出荷時の設定にリセット」で無効にしたデバイスは、すべての使用がブロックされ、ユーザープロファイル、デバイスポリシー、登録データを含むすべてのデータが削除されます。**
  ……Chromebookが出荷時の状態にリセットされて、すべてのデータが失われます。再有効化すると、初めてログインするときと同じ手順から始める必要があります。

なお、[「出荷時の設定にリセット」で無効に～]を選択した場合は、表示されているメッセージの一番下で[実行すると～理解しました]というチェックボックスをチェックしてから[無効にする]をクリックしてください。

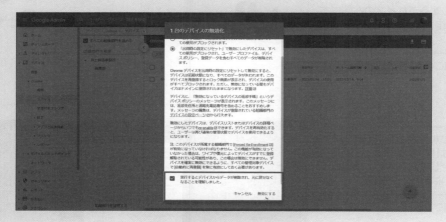

無効になったChromebookを有効にする

　無効にしたChromebookを再び有効にするには、管理コンソールのメニューで［デバイス］－
［Chrome］－［デバイス］を選択します。次にステータス表示をクリックし、メニューで［無効］ま
たは［すべて］を指定して［適用］をクリックします。無効になっている（停止している）Chromebook
が表示されたら、右端の［操作メニュー］をクリックして［再有効化］を選択してください。確認の
メッセージが表示されたら、［有効にする］をクリックすると再有効化されます。

ステータス表示をク
リックし、メニューで
［無効］を指定して［適
用］をクリックする。

無効になっている
Chromebookが表示さ
れたら、右端の［操作メ
ニュー］をクリックして
［再有効化］を選択する。

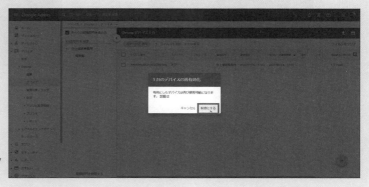

［有効にする］をクリッ
クする。

複数のChromebookを一括して無効にする

　複数のChromebookを一括して無効にする場合は、先頭のチェックボックスで複数のデバイスを選択し、右上のボタンを利用してまとめて無効にできます。

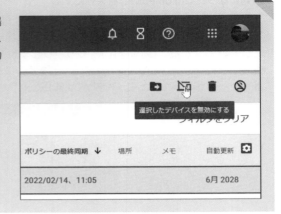

データを元に戻すリセット

　手順3では［リセット］を選択することもできます。選択すると、2つのリセット方法を選択できます。［ユーザープロファイルをクリアして～］だと、ユーザーの情報だけをリセットします。［初期状態にリセットして～］だと、ユーザー情報や保存データなどのすべてのデータを削除します。ただし、どちらの場合も、管理対象から外れることはありません。

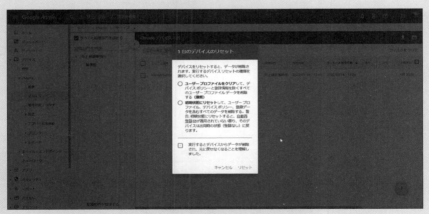

10-11 Chromebookのプロビジョニングを解除する（デプロビジョニング）

組織内で使用されなくなったChromebookは、管理対象から外します。そこで必要になるのが、プロビジョニングの解除です。Chromebookの交換、譲渡、破棄などをする場合は、プロビジョニングを解除してください。なお、プロビジョニングを解除することを「デプロビジョニング」と呼びます。

①
管理コンソールのメニューで
[デバイス]−[Chrome]−[デバイス]を選択する。

②
プロビジョニングを解除するデバイスの右端にある[操作メニュー]をクリックする。

③
[デプロビジョニング]を選択する。

④
デプロビジョニングの方法を選択する。ここでは[いいえ。既存のデータとユーザープロファイルを維持する。]を選択する。

⑤
[アップグレードポリシー〜]のチェックボックスをチェックする。

⑥
[デプロビジョニング]をクリックする。

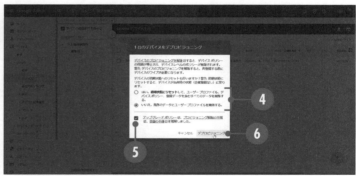

⑦
プロビジョニングが解除される。これで、指定したデバイスは管理対象外になる。なお、管理対象から外れるだけで、Chromebookは使用できる。

[はい。初期状態にリセットして～]を選択した場合は、Chromebookのプロビジョニングが解除されると同時に、Chromebookが出荷時の状態に戻ります。再び利用するには、「1-2　Chromebookの初期設定」の手順を実行する必要があります。

プロビジョニングを解除したChromebookを出荷時の状態に戻す

本文の方法でプロビジョニングを解除したChromebookを出荷時の状態に戻すには、次のように操作してください。

① [Esc]＋ c ＋電源ボタンを同時に押す。

② この画面が表示されたら[Ctrl]＋[D]キーを押す。

③ この画面が表示されたら[Enter]キーを押す。

④ この画面が表示されたら[Enter]キーを押す。

⑤ この画面が表示されたら
そのまま少し待つ。ローカ
ルのデータが削除され、自
動的に再起動する。再起動
後は、再び初期設定を行
う。

紛失・盗難の場合はデバイスを無効化する

　紛失・盗難などの場合は、前項の「10-10　特定のChromebookを無効化する」の手順で無効化す
ることをおすすめします。デバイスが発見されたあと、再び管理下に置くことができます。

付録　導入事例

導入事例1

日本体育大学荏原高等学校
～新しいPC教室をWindows環境からChrome OS環境に刷新

日本体育大学荏原高等学校

Chrome OSとGoogleのハードウェア環境を選択した背景

　　日本体育大学荏原（えばら）高等学校は、これまでWindows環境でPC教室を整備してきましたが、学校のICT環境整備計画の一環として、まったく新しい教室へ改修することになりました。改修の目的は次の2つです。

①グループ学習などのさまざまな授業デザインに対応し、生徒が主体的に学習できる環境の構築
②管理運用面の効率化、セキュリティや可用性・冗長性の向上を可能にした先進的な設備の導入

Windows/Mac/Chrome OSの3つの環境を比較検討した結果、学習指導上の機能や性能、導入・運用管理等を総合的に判断し、Chrome OSをベースに新しいPC教室を構築することを決定しました。

　2017年4月から教室の改修計画を策定し、2019年1月にChrome OSの導入を決定、2019年11月から本格運用がスタートしました。

　導入したGoogleのハードウェアおよびソフトウェアは次のとおりです。

- Chromebook …… ASUS Chromebook Flip C302CA 48台。
- Chromecast …… Chromecastを3台利用し、55インチ外部モニター2台、プロジェクター1台へ同時もしくは独立で画面転送して利用。
- Netop Vision for Chromebooks …… Google Classroomと連動して、Chromebook端末同士で双方向通信を行う教育支援アプリ。主に画面転送で利用。
- Google for Education …… オフィス系アプリ、ドライブ、カレンダー、メールなど。

Chrome OS環境で刷新されたPC教室

Chrome OSとGoogleのハードウェア環境の導入効果

　従来のWindows環境と比較すると、Chrome OS環境は端末単価やライセンス料、導入費用、ランニングコストまで、コストパフォーマンスが非常に高いことがメリットです。

　さらに、クラウドサービスであることからサーバが不要で、端末管理やOS・アプリの管理から脱却できたこと、高速な起動と終了などが好評で、教育用デバイスとして広く利用されているiPad以上の代替機としても、十分活用できると期待されています。

　2019年1月より教職員へ先行導入したGoogleドライブやGoogleカレンダー、GoogleドキュメントやトキュメントやロスプレッドシートなどGoogle for Education（教育機関無償利用）は、利便性や操作性、機能性の高さから、学習環境や校務環境での活用が広がっています。

　実際、PC教室改修後の授業では、Google Workspaceアプリの共同編集機能を活用した協働学習とGoogleフォームを活用したアンケート（テスト）を実施し、従来の授業以上の生徒の反応や学習の成果が得られました。また、校務環境においては、情報共有や協働作業が容易となり業務の効率化が進み、多くの教職員がその効果を実感しています。

　導入されたChromebook「ASUS Chromebook Flip C302CA」

これから導入する学校や教育機関へのアドバイス

　日本体育大学荏原高等学校は、政府が打ち出している「学校のICT環境のクラウド化の推進」「教育情報セキュリティポリシー」などの方針を参考にしながら、私学ならではのICT環境の構築を目指しています。こういった取り組みが評価され、2021年9月には、日本教育工学協会より全国私学学校初となる「学校情報化先進校」に認定されました。

　学校のICT化には膨大な導入予算と維持費がかかりますが、Chrome OS環境であれば、予算と管理の手間を抑えながら、政府が打ち出した方針に沿ったICT環境を構築しやすくなります。

　ソフトウェアの面でも、教務・校務の両面で必要十分以上の機能・サービスが提供されているので、従来の働き方を大きく変える可能性があります。たとえば、複数人が場所を選ばず1つのファイルに同時にアクセスできる共同編集は、作業効率が格段に上がりました。

　ICT環境の導入や刷新を検討されている学校や教育機関は、Chrome OS環境を検討する価値が十分にあるのではないでしょうか。

■基本データ

日本体育大学荏原高等学校
- 創立：1904年4月
- 生徒数：約1200名
- 所在地：東京都大田区池上8-26-1
- URL：http://www.nittai-ebara.jp/

企画渉外部の福島伸一部長

導入事例2

湘南白百合学園中学・高等学校
~コロナ禍をオンライン授業で乗り切って一気にICT化を加速、
それを支えたGoogle Workspce for Education

⌐ 湘南白百合学園中学・高等学校

Chrome OS と Google のハードウェア環境を選択した背景

　　　湘南白百合学園中学・高等学校は、中高一貫教育を行う私立の女子校です。同校は新
型コロナウイルスの流行を受け、2020年2月27日に政府要請に先んじて休校を決定。
2020年4月に始まった新学期からオンライン授業が行えるよう、3月中に対策チームの
結成や教員用オンライントレーニングを実施しました。

　　　各家庭に環境を整えてもらう期間を含め、実際に授業ができるようになったのは4月
からです。オンライン授業のスタートは4月13日。まずは1週間、学年ごとの朝礼を実
施し、4月20日からは全生徒を対象としてClassroomを活用した授業が完全開始されま
した。

朝のうちに全教科の動画や課題を配信し、生徒自身が学習計画を組み立てる形で時間割を構築するなど、教室で授業を受けるのとは異なる状況が1学期間続きました。ただし、カリキュラムはほとんど遅れなかったということです。

　これを支えたのが、サテライトオフィスが導入支援したGoogle Workspce for EducationとChromebookの組み合わせでした。導入したハードウェアはChromebookのほか、Jamboard、Chromecastなどです。Chromebookには、ペン入力が利用できる「ASUS Chromebook Flip C214」が選定されました。

　端末選定にあたっては、トータルコストとともに、生徒が将来活躍する時代がどうなっているかという視点が重視されました。校内のICT化推進やシステム構築を担当した同校の太田裕美 氏は、次のように述べます。

「WindowsとMac、Chromebookという選択がある中で、各種ライセンスや保守まで含めたトータルコストが安価であること、起動が速いこと、クラウドを利用した管理がしやすいこと、導入が迅速に行えることなどからChromebookを選定しました。WindowsとExcelやWordという組み合わせが今後もスタンダードだとは限りません。子供たちが成長し、仕事の現場で上に立つころには、素早い問題解決力を持ちあわせていれば、使用するアプリの少しの違いなどは問題にならないはずだと考えました」

校内のICT化推進やシステム構築を担当した太田裕美氏

Chrome OSとGoogleのハードウェア環境の導入効果

　Chromebookでペン入力ができることにより、授業のアイデアが広がりました。実際に生徒たちは、ペンをマウスの代わりにとてもよく使っているということです。

　また、学校から配信するオンライン授業や、教室に集まって教員と生徒が一対多数で行う授業での利用だけでなく、ChromebookやJamboardの活用が校内で広がっています。たとえば、委員会を決めるにあたっては、委員会ごとのMeetを立ち上げて自分が所属したいところに参加する、という方法を生徒主導で進めていました。

　従来は1つの机を囲んで進めていたグループ学習では、Jamboardがうまく活用されています。自分の端末から画面共有したうえで共同作業機能を利用するなど、距離を保ちながらの学習が行われています。

グループ学習では、Jamboardがうまく活用されています。

　また、ピアノを使う授業では、従来は入れ替わり立ち替わりピアノを使っていたところを、画面上で利用できるデジタルピアノに切り替えるなど、柔軟な対応が行われています。

　Androidアプリも、生徒からリクエストを受けて認められたアプリが利用できます。天気予報のようなアプリから、集中するためのタイマー、単語カルタといった勉強に使うもの、特定の部活動で利用するもの、塾で使っているものをそのまま利用するなど、月に4〜5件リクエストがあるといいます。

　2020年9月には、かねてより計画されていたアクティブラーニングに利用が可能な「メディアネットラボ」がオープンしました。これはブラウジングゾーンに移動可能なテーブルとJamboard、ドキュメントの出力やスキャンが可能な機器に加えて、貸し出し用Chromebookを配備したスペースです。これにより、図書と教科のコラボ授業やグループ学習の授業ができるようになりました。

　なお、同校では有償のGoogle Workspace for Education Plusも使用されています。保護者への授業参観や部活発表のライブストリーミング、全員で顔を合わせた200人超えの学年Meet朝礼、オンライン授業をしながら録画して、欠席した生徒へのフォローができるMeet録画、オンライン授業中に出欠確認で時間を取らなくても後で送られてくるMeet参加者リストなど、有償版ならではの機能が積極的に活用されています。

⌐ 2020年9月には、アクティブラーニングに利用が可能な「メディアネットラボ」がオープンしました。

これから導入する学校や教育機関へのアドバイス

　デバイス選択や授業の活用も大事ですが、Wi-Fi環境をしっかり整備しないと宝の持ち腐れになってしまいます。ネットワークが遅いと、せっかく使い始めた先生方が使いたくなくなってしまうので、ぜひ高速な環境を整備することをおすすめします。

　コスト面では、WindowsはOfficeのライセンス費用やサーバ管理にコストがかかりますし、Macは在学中に保証の価格が万単位で変わったりします。したがって、本体価格だけではなく、見えないコストも含めて比較してほしいと思います。

　また、起動の遅いパソコンは不要です。素早く起動できること、そしてWordやExcel、PowerPointにとらわれつづけない選択も検討してほしいと思います。

■基本データ

湘南白百合学園中学・高等学校

　●創立 1936年

　●生徒数：約1,000名

　●所在地：神奈川県藤沢市片瀬目白山 4-1

　●URL：https://chukou.shonan-shirayuri.ac.jp/

導入事例3

鎌倉女学院中学校・高等学校
～オンライン授業からグループワークまで、1人1台のChromebook が生徒の学習を支える

鎌倉女学院中学校・高等学校

Chrome OS と Google のハードウェア環境を選択した背景

中高一貫教育を提供する鎌倉女学院中学校・高等学校は、明治37年（1904年）、漢学者であり教育者でもあった田辺 新之助によって創立された歴史のある学校です。

同校の教員は、2018年からGmailの使用を開始し、2020年度に当時のG Suite for Educationを一部の生徒に導入する予定でした。ところが新型コロナウイルスのパンデミックが発生したことで、急きょ2020年4月にすべての生徒へGoogleアカウントを配布して、家庭の端末やスマートフォンでオンライン授業を受けられる環境を準備しました。

しかし、生徒によって使用する端末が異なるためトラブル対応に苦慮することとなり、全生徒が同じ端末を使用する必要性を痛感することに。そこで、他校の事例を参考に、

機能・管理面を鑑みてChromebookの導入を決定しました。

　2021年の夏までに中1〜高2の生徒にはDell Chromebook 3100 2-in-1、2022年4月には中1にASUS Chromebook Detachable CM3が配布され、現在は授業のみならず、家庭へ持ち帰っての宿題や家庭学習にも活用しています。

　なお、導入にあたっては、2020年4月から管理コンソール周りのサポートを受け、6月から導入を検討し、2021年4月から端末の導入を開始しました。また、ネットワーク環境として、校内サーバと分離したChromebook用のWi-Fi環境を整備しました。

全員に1人1台のChromebookが配布され、オンライン授業だけでなく通常の授業でも活用されている。

Chrome OSとGoogleのハードウェア環境の導入効果

　Chromebook導入の成果は、全生徒に1人1台の端末が行き渡ったことで教員のICT活用がより進んだことです。オンライン授業になっても授業内容を変えることなくスムーズに対応でき、短歌や俳句といった創作する学習内容に対しても、短時間で個別にアドバイスすることが可能になりました。

　また、1人1台の端末を持つことで、授業中の発言が少ない生徒でもオンラインで成果物や意見を提出できるなど活動に参加しやすくなり、生徒の解答をその場で共有できるので、コロナ禍でのグループワークにも役立ちました。

さらに、プロジェクターが遠くて見えづらかった生徒も手元で見られるようになったこと、画像を提示するとき注目したいところを拡大したり、全員で同じものを見たりできるようになったこともメリットです。

　特定のアプリケーション以外で縦書きができないことや、タブレット端末と比較して少々重いことなどの課題はありますが、インターネットを利用した調べ学習やパソコンでのレポート作成など、従来は特別教室でしかできなかった活動が普通教室でもできるようになったことは大きい成果です。また、板書にかかる時間が減ったことで、補足説明の時間が多くなって授業内容がより充実したという声もあります。

　なお、Chromebookの運用にあたっては、「Chromebook使用の手引き」を作成し、学校や家庭でルールを守って使用するよう指導しています。また、授業や宿題で欠かせない端末になりつつあるため、生徒の端末に修理が必要になった場合、予備機をすぐに貸し出して家庭に持ち帰らせることができるようにしています。

通常のノートパソコンとしてもタブレットとしても活用できるChromebookは、授業や宿題で欠かせない端末になりつつある。

これから導入する学校や教育機関へのアドバイス

　専門家ではない教員が学校全体のICT機器を管理するため、セキュリティや授業で適切に使える設定ができるかなど、さまざまな不安がありました。

　しかしChromebookは、管理コンソールでしっかり設定していれば、端末のセキュリティに対する心配は少ないと思います。たとえば、使うアプリケーションやアクセスさせたくないサービスのURLの設定、スリープ状態になったらパスワードを求める設定などが可能です。ITに詳しい人がいない現場でこそ、導入を検討する価値があるのではないでしょうか。

　もちろん、情報モラル教育とセットで導入すべきことはいうまでもありません。何度も折りを見て使用時のルールやトラブル回避などについて示していくことが必要です。そのためにも、教員のICTスキルを事前に向上しておくことがスムーズな導入につながると思います。

　たとえば、よく使用するアプリケーションの機能や操作について、教員どうしで気軽に教えあえる環境があると、不慣れな教員でも安心して使用できるようになります。また、教員が生徒としてアプリケーションを使用して練習することで、生徒への指示や指導が具体的にイメージできるようになります。

■基本データ

鎌倉女学院中学校・高等学校

●創立：1904年

●生徒数：957名

●所在地：神奈川県鎌倉市由比ガ浜2-10-4

●URL：https://www.kamajo.ac.jp/

鎌倉女学院中学校・高等学校の校章

新田高等学校
～情報が少ない中、生徒1人1台に最適な端末はChromebookだと
判断して導入を決断

新田高等学校

Chrome OS と Google のハードウェア環境を選択した背景

　　新田高等学校は、1939年に創立された歴史と伝統のある男女共学の高等学校です。もともと「スポーツの新田」として知られていましたが、現在は「文武両道の新田」として進化、発展を続けています。

　　英語4技能、ポートフォリオ教育、アクティブラーニングなどの教育現場の動きに合わせ、学校のICT化を進めようと1人1台端末の導入を検討していた折、地元業者より紹介されたのがChromebookでした。そこでまずは45台を研究用として購入し、コスト、通信方法（セルラー型かWi-Fiか）、生徒への負担方法（個人購入か貸出しか）など、多岐に渡って研究を開始しました。

　　しかし、多くの教員が利用していたのがWindows端末やiPadであったこと、しかも

県内でChromebookの導入事例がなかったことなど、問題は山積しており、試行錯誤の毎日でした。

　手探りで検討を続けていたとき、「GIGAスクール構想自治体ピッチ」でサテライトオフィスのプレゼンを見たことがきっかけとなり、Chromebookの本格的な導入を決めました。そう結論付けた具体的な理由としては、全生徒の端末の設定を管理者側から一括管理できる点や、OSの更新が随時行われるためセキュリティ面で安心だった点、また、貸出機を利用する際も、操作の仕方を変えることなく利用できる点が挙げられます。

　新規導入年度の2020年度には、2、3年生への貸出用として学校で110台のASUS Chromebook C214Mを準備し、1年生には1人1台同機種を個人所有で揃えました。2021年度の新入生には、さらに堅牢性の高いDell Chromebook 3100 2-in-1を、そして2022年度の新入生には、堅牢性やサイズ、スタイラスペンなどを考慮してASUS Chromebook Detachable CZ1を1人1台個人所有で揃えることにしました。さまざまなメーカーの端末を採用するのは、それぞれの端末の特徴を研究し、よりよい環境でICT教育を実現させたいとの思いからです。「導入して終わり」ではなく、さらに上を目指して、教員も日々研究を重ねています。

同校のICT化、Chromebook導入を主導した脇屋傑氏（左）と徳永督氏（右）

Chrome OS と Google のハードウェア環境の導入効果

Google のハードウェア環境によって、生徒は自らの意見を発信しやすくなりました。また、情報をオンデマンドで得られる環境になり、さまざまな場面において積極的に参加するようになったと感じています。

たとえば、Google Classroom を積極的に活用し、各クラスや授業科目、部活動ごとにクラスを作って情報を共有しています。部活動では、練習や試合の動画を Chromebook で撮影して共有ドライブにアップしてミーティングで使用したり、生徒個人が練習中にフォームやスコアを確認したりすることで、競技力の向上に役立っています。また、進路指導でも教員間や生徒とのやり取りがスムーズになりました。たとえば、ドキュメントを共有して共同作成することで、大学入試の志望理由書や小論文の添削が、いつでもどこでも双方向でできるようになり、効率のよい指導が可能になりました。

Google Classroom 以外では、Jamboard を活用しています。授業では、生徒の解いた問題を全員で共有し、その解答を生徒が手直ししたり、教員が解答を説明したりするなどの使い方をしています。それによって、一方的に授業を聞くだけでなく、生徒自身が主体的に考え、自ら学ぶ姿勢を身に付けることができるようになったと感じています。

また、Google Meet を利用することで、体育館に集まらなくても講演や集会を各教室で実施できるようになりました。コロナ禍で中止せざるを得なかった講演や集会ができたことだけでなく、地方にいても、日本や世界のさまざまな人と繋がることができるようになったことも大きな成果です。

そのほか、欠席連絡や健康観察など、日々の記録を Google Forms を用いて行うようになりました。結果がすぐにスプレッドシートに反映されるため、担任は、朝、教室に行くとすぐに、誰がなぜ欠席なのかを確認することができます。保護者にとっても朝、電話で欠席連絡をするためにかかる負担が軽減されました。記録にも残るため、日々の健康管理や出欠管理もしやすくなりました。

授業中の様子。1人1台のChromebookはすべての教科で活用されている。

これから導入する学校や教育機関へのアドバイス

　　導入する際には、書籍などに掲載されている導入事例を参考にして「ICTを活用して何がしたいのか」を十分に検討することが重要です。それが明確になっていれば、サテライトオフィスのような業者が的確にアドバイスしてくれますので、導入がスムーズになると思います。その際、既存の校内ネットワーク環境や設計、管理体制を再確認することが重要です。

　　なお、当校では教員だけですべてを管理・対応することは難しいと考え、1人1台端末の導入と同時にICT支援員も配置しました。生徒や教員とのやり取りはもちろん、業者とのやり取りなどもサポートしてくれるので、教員はICT教育の中身を考えることに集中できています。

■基本データ

新田高等学校

- ●創立：1939年
- ●生徒数：約1800名
- ●所在地：愛媛県松山市山西町663
- ●URL：http://www.nitta.ac.jp/

新田高等学校の校章

導入事例5

横浜英和学院 青山学院横浜英和中学高等学校
〜広い敷地内に複数の建物が存在する環境、ネットワーク統合とChromebookでICT化が一気に進む

☐ 横浜英和学院 青山学院横浜英和中学高等学校

Chrome OSとGoogleのハードウェア環境を選択した背景

　　1880年、アメリカのメソジスト派女性宣教師ブリテンによって創立された横浜英和学院は、キリスト教を基盤とした人格教育を行うことを目的とした学校です。幼稚園から高校までをカバーする教育を行っていますが、特に中高一貫教育を担う青山学院横浜英和中学高等学校では、教育環境のICT化に積極的に取り組んできました。

　　生徒に使わせる前に教員が慣れなければいけないと考え、Windows端末を教員に配布したのが2017年頃です。一方、生徒向けの端末をどうするか考えたとき、一括管理ができることや導入コストの面からChromebookを採用することとなり、それに合わせて学校で利用するクラウドサービスもGoogle Workspace for Educationを導入しました。

　　生徒用の端末は、2019年の秋に中学2年生から高校1年生までの3学年への配布を完

了し、さらに同年、生徒への1人1台のChromebook端末配布も順次開始して、現在は6学年で1100台以上のChromebookを利用しています。

Google Workspace for Educationのアカウントは全生徒と教員に発行されており、教員業務で利用されるものとして、情報共有のための掲示板や出退勤管理にはサテライトオフィスのアドオンが活用されています。

Chrome OSとGoogleのハードウェア環境の導入効果

新型コロナウイルスの流行に伴い、2020年2月27日、政府から一斉休校が要請されました。その緊急処置としてオンラインでの対応を進め、YouTubeを利用して保護者向けの卒業式と入学式のライブ配信を実施しました。さらに4月2週目からは、Google Classroomを活用したオンライン授業を行うなど、急ピッチで対応を進めました。

2021年度においても、卒業式と入学式のYouTube限定配信を行いました。また、Classroomを使用した授業での課題配信だけでなく、生徒連絡掲示板（サイト）を作成し、委員会等の連絡を行っています。また、授業ではJamboardも使用し、Google Meetは授業だけでなく、コロナ禍で1か所に大勢集まれない状況にあるので、学年集会や礼拝などにも使用しています。

オンライン英会話でもChromebookが活用されている。

グループ学習の様子

　当初は不慣れな先生も多く、トラブルも多かったものの、「学びを止めない」ということが根底にあったので、オンライン授業がやりやすい主要5教科から手をつけ、段階的に実技教科でも利用を始めました。

　たとえば家庭科では、休校期間前にChromecastを利用しており、実技指導用に手元を撮影した動画を休校期間中にも配信できたので、スムーズにオンラインに移行することができました。現在は、生徒も積極的にドキュメントやスライドなどを使用した協働学習に取り組んでいます。

　なお、生徒側の端末の制限は強めにかけています。これはセキュリティ面での制限とともに、教育的な配慮も加わっているためです。たとえば、両親が外出している間に生徒が動画を自由に見ることができるのは困るだろうと、家庭学習の期間は簡単に利用範囲の拡張はしませんでした。

　とはいえChromebook自体は非常に魅力的で教育上のメリットはあると思いますので、今後はもっと理解を深めたうえで時代のニーズにも対応していきたいと考えています。今は教員側でルールを決めて制限していますが、生徒たちが主体性を持ってしっかりとルールを守り、自分たちがしたいようにできる形が理想だと考えています。

これから導入する学校や教育機関へのアドバイス

　急な全校オンライン授業にスムーズに対応できたのは、横浜英和学院全体で以前からICT環境を整えてきたことが大きかったと思います。

　当学院は、広い敷地内に複数の建物が存在し、幼稚園、小学校、中学校、高等学校と各校舎でICT環境を順次整備してきたため、それぞれネットワークが独立していました。そこで、より高速なインターネット光回線に切り替えたうえで、校舎間のネットワーク接続や校舎内の有線LAN接続を行いながら、幼小中高の各教室内のWi-Fiを完備し、ネットワークを統合しました。

　その結果、各教室でのコンピュータを利用した授業環境が構築され、教室へのプロジェクター設置などハードウェア導入も実施でき、教員・生徒ともに遠隔で授業できるほどに端末やシステムの利用を定着させることができました。時間をかけて準備をしてきたものが一気に花開いたのです。

　したがって、Chromebookを活用した多人数でのオンライン授業に対応できるようにするには、事前にネットワーク環境を整備しておくことが非常に重要だと思います。

■基本データ

横浜英和学院 青山学院横浜英和中学高等学校
- ●創立：1880年
- ●生徒数：1180名（2022年度）
- ●所在地：横浜市南区蒔田町124番地
- ●URL：https://www.yokohama-eiwa.ac.jp/

┌─↘ 礼拝堂の外観

索引

著者紹介

井上　健語（いのうえ　けんご）

フリーランスのテクニカルライター。オールアバウトの「Wordの使い方」「パソコンソフト」のガイドもつとめる。初心者向け記事から技術解説記事、企業取材記事まで幅広く手がける。近著は「誰でもできる！Google Workspace導入ガイド」（共著、日経BP）。

個人サイト：https://www.makoto3.com/

Facebook：https://www.facebook.com/inouekengo

監修者紹介

株式会社サテライトオフィス

サテライトオフィスは、Google Workspace をはじめ、Microsoft 365、LINE WORKS、Dropbox Business、Workplace by Facebook、Chatworkなどのクラウドコンピューティングに特化し、SaaS型サービスのビジネス支援を展開するインターネットシステムソリューションベンダー。2008年にいち早くクラウドコンピューティングの可能性に注目し、Google Workspaceを自社で全面導入するとともに、Google Workspaceの導入サポート業務を開始。認定ソリューション開発パートナーおよび認定Google Workspace販売リセラーとなり、大手企業から、中堅・中小企業まで、5万社以上の導入支援実績がある。Google の企業向けイベントで4年連続パートナーアワードを受賞。Google Cloud プレミアパートナー。

ホームページ：https://www.sateraito.jp

● 本書についての最新情報、訂正、重要なお知らせについては下記Webページを開き、書名もしくはISBNで検索してください。ISBNで検索する際は-（ハイフン）を抜いて入力してください。

　　　　https://bookplus.nikkei.com/catalog/

● 本書に掲載した内容についてのお問い合わせは、下記Webページのお問い合わせフォームからお送りください。電話およびファクシミリによるご質問には一切応じておりません。なお、本書の範囲を超えるご質問にはお答えできませんので、あらかじめご了承ください。ご質問の内容によっては、回答に日数を要する場合があります。

　　　　https://nkbp.jp/booksQA

誰でもできる！ Chromebook活用ガイド
Google Workspace関連ハード＆ソフトを使いこなす

2022年 6 月 20 日　初版第 1 刷発行

著　　　者	井上 健語	
監 修 者	株式会社サテライトオフィス	
発 行 者	村上 広樹	
編　　　集	田部井 久	
発　　　行	株式会社日経BP	
	東京都港区虎ノ門4-3-12　〒105-8308	
発　　　売	株式会社日経BPマーケティング	
	東京都港区虎ノ門4-3-12　〒105-8308	
装　　　丁	コミュニケーション アーツ株式会社	
DTP制作	株式会社シンクス	
印刷・製本	図書印刷株式会社	

© 2022 Kengo Inoue
ISBN978-4-296-07040-4　　Printed in Japan